U0139931

译文纪实

大量廃棄社会
アパレルとコンビニの不都合な真実

仲村和代　藤田さつき

［日］仲村和代　藤田皋月　著　　　张佳东　译

大量废弃社会
服装与便利店行业不可告人的秘密

上海译文出版社

目　录

中文版序一

致中国朋友们：

听闻《大量废弃社会》即将在中国出版，我在感到欣喜的同时，也不禁有些许忐忑。因为我无法想象中国的读者朋友们将会以怎样的方式解读这本书。

低头看看自己身上的服装标签，裤子和长衫是中国制造，针织羊毛衫是泰国制造——它们都是我这一代人最常穿着的品牌。

再看一眼冰箱，虽然肉类、蔬菜等生鲜食品依然是日本货居多，然而要论加工食品，进口货的比例就高了不少。存放在冰箱里的蔬菜以及饺子等副食全部都是产自中国。

遇到特殊时刻，人们才会切身感受到自己与其他国家之间的联系。去年春季，新型冠状病毒肺炎同样在日本蔓延开来。失去了中国的货源，人们连口罩都难以入手。离我工作那间报社不远的东京银座商圈里也不再出现中国游客的身影。失去了赖以生存的游客，精品店和百货商场的营业额遭受了巨大的打击。

那些理所当然般存在于"消费者"眼中的物美价廉的时装与美食天堂，光是受到一点小小的影响，便在顷刻之间分崩离析。用长远的目光来看，我们的花花世界也同样建立在破坏环境、压榨劳工的基础上。我们真的要对此听之任之吗？凭借消费者的力量，无法对这样的现状做出改变吗？本书尝试着向各位读者提出了这样的问题。我并非是在煽动焦虑，罗列耸人听闻之事，而是想鼓励每一个人通过对事实的了解，来面对自己身边的问题。我认为，如果大家能够着眼于"国家""企业"等宏大概念之外的那些人，就一定能够理解我的想法。我不希望在阅读后，大家仅仅觉得"某些人很可怜""某些现状很危险"就了事，因此我在本书中描写了引发这些现象的运作机制和商业模式，提出了一些改变这些现象的思路与方法。

自本书出版以来，我感受到对本书观点产生同感的人越来越多。在公众的推动下，企业也在渐渐发生改变。大家会想象发生在他人身上的事，与此产生共鸣，并为了改变社会而行动。尽管身处一个"理性至上"的时代，但我依然深深地感受到了"感性者"们伟大的力量所在。

听说中国最近在呼吁"拒绝浪费"，大力提倡"光盘行动"，而在日本，"拒绝挥霍，厉行节约"的风潮也同样在蔓延开来。

衷心希望我们在本书中的观点能够在这个不断变化的社会之中传达给中国人民，令中日关系更加紧密友好。

仲村和代

2021 年 2 月

中文版序二

中国的读者朋友们，你们好！

闻听《大量废弃社会》中文版即将出版的消息，我不禁由衷感到喜悦。这本书是以我们 2017 年、2018 年在报纸上所发表的多篇报道汇总而成，当时的日本还未对便利店的食品浪费问题，以及服装的大量废弃问题加以重视。尽管废弃问题近来日益受到关注，但本书能够受到上海译文出版社的青睐，依然说明在中国有人与我们认识到了相同的问题。与我们志同道合的朋友越来越多，这无疑令人感到欢欣鼓舞。

不知道在中文里是否同样有着"切身相关之事"和"与己无关之事"这样的说法？最近在日本，当提到气候变化与性别差异等问题时，人们都越来越觉得"要把它们视为切身相关之事"。"视为切身相关之事"，意味着把社会问题当成是自身的问题。进一步讲，面对某些问题，即使觉得自身利益没有因此遭受损害，认为与己无关，也要把它们当成是自己的问题，思考解决方案，并身体力行地去解决。然而即使知道问题出在哪里，想要将其"视为切身相关之事"，依旧相当困难。"关心地球气候，这种问题未免太宽泛了""光凭个人努力能有多大影响""大家都在做的事情，不好提出异议"……这些观点无一不是有理有据。

诚然，在撰写这本书时，我也意识到了将一些问题"视为切身相关之事"的困难。为了维持"大规模生产"这样的生产模式，工人们被迫在恶劣的劳动环境中工作，原本已经贫困不堪的女性进一步受到压榨，土壤与河流也为此遭到污染……像这些所谓的"与己无关之事"，其实往往与我们自身息息相关。为了让大家认识到这一点，我们列举了人们在日常生活中不可或缺的食品与服装遭到大量废弃的事例。其实身为本书作者的我们，过去也曾以消费者的身份发现过超市冷藏柜里食品过期的问题，当时我们同样进行采访，并撰写了相关文章。

由于格蕾塔·桑伯格发起的对抗气候变化的青年运动，"气候正义"一词已经得到广泛关注。与此同时，人们也纷纷意识到引发气候变化的现行制度当中的矛盾，与当下的歧视、不公、长时间劳动以及各种"生活中的困难"息息相关。对全球化经济造成了巨大冲击的新型冠状肺炎疫情，也使这些矛盾变得更加尖锐。当下不断成长的经济，是在大量生产、大量消费，继而大量废弃的基础上建立起来的。或许我们是时候将"退出这样的经济体系"当作"切身相关之事"来看待了。中国的经济在近年来获得了值得骄傲的成长，因此我由衷地希望能与中国人民共同对这些问题进行思考。

藤田皋月

2021 年 2 月

序

仲村和代（《朝日新闻》社会新闻记者）

这样下去真的没问题吗？

在享受便捷生活的同时，我曾产生过这样的想法。

每当舒适便捷的生活背后发生的悲剧以"事故"或"事件"的形式展现出来，并成为"新闻"被广泛报道时，这样的感触便尤其深刻。

2013年4月，在孟加拉国首都达卡近郊，一栋名为"拉纳广场"的八层建筑发生了坍塌"事故"。钢筋混凝土支柱突然断裂，建筑无法保持稳定，随即轰然崩塌。建筑中的人们被埋在瓦砾之下，上千人因此丧命。大楼内共有五家制衣厂，遇难者大半是厂里的工人。

为什么我要给"事故"一词加上引号呢？这是因为大楼坍塌并非由地震或爆炸导致，而是大楼本身存在违法扩建的嫌疑。早在事故发生前就有人发现大楼的墙壁上出现了裂缝，当地警察也在几天前下达过避难疏散的通知。然而工厂管理者却拒绝停止生产，最终酿成了悲剧。与其说这是天灾，倒不如说是一场人祸。

事故发生的半年前，我恰巧去孟加拉国进行过一次采访，因此不由得在脑海中回想起当时的情形。在首都达卡，由于经济高速增长导致人口激增，我在路上遇到了严重的堵车，那幅光景说是"毫无秩序可言"或许也不为过。到了农村，"日本记者来了"的消息引发了一阵轰动，村民们向我喋喋不休地诉说着，都想要我"听听他们的话"，他们说现在有许多农村人都会进城打工。当我回想起那时见到的面孔，实在无法觉得那些事情与我们毫无关联。

孟加拉国并非观光旅游国家，来过这里的日本人可能寥寥无几。尽管拉纳广场事故在电视上镜头令人同情，但想必许多人都会认为这仅仅是一起发展中国家忽视安全管理所导致的事故，不会意识到它同样是一个与我们息息相关的问题。

然而这件事却并非与我们这些发达国家的人民毫无关联。因为我们每天都穿在身上的服装，就是在那里生产出来的。

孟加拉国的人口约1.6亿，人均国民生产总值为1 538美元（2017）。孟加拉国曾经被称作"亚洲最贫穷的国家"，但近年来经济发展迅猛，而支撑经济增长的正是制衣行业。如今这里已经成为面向发达国家出口成衣的"世界服装工厂"。优衣库、GAP等平价服装品牌均在孟加拉国设有生产基地。

在过去，长期接受发达国家服装生产订单的国家是中国，与之相比，孟加拉国的优势在于廉价的劳动力。为了实现产业发展，当地政府也打出"孟加拉国的价格更加便宜，生产服装就到这来"的宣传口号，于是大量制衣工厂应势而生，其中就包括拉纳广场内的工厂。发达国家的人享受到的物美价廉服装的背后，却是那些辛勤劳作，却连最基本的生命安全都未能得到保障的工人。

这起事故在欧洲和美国引起了强烈反响，越来越多的人质疑服装行业是否尽到应有的责任，并开始对当下的消费模式进行反思。在事故发生之后的4月末，在日本同样出现了"时装革命周"等有助于人们了解服装生产车间信息的活动。

然而遗憾的是，这些活动尚未令现状发生显著改变。想要以消费者的身份付诸行动，迈出第一步并非易事。况且人们很难感受到自己的行动能够使现状发生什么改变。许多人想给社会提供一个更好的解决方案，却很难从海量的信息中决定选择什么，如何选择。

而我也正是其中为此而苦恼的一人。

我于 2002 年进入《朝日新闻》报社。当时大多数日本报社记者的职业生涯都是从当地的"警察担当"开始干起，也就是从事犯罪案件方面的报道，我也不例外。最初在大分县工作，之后又被调去长崎与福冈等地，相继负责县政府、市政厅的行政新闻报道工作。此类工作多依赖于所谓的"记者俱乐部"的人脉，需要与那些消息灵通的人建立良好关系，以便迅速获取更多深度材料。但我性格较为内向，不擅长和大家打成一片，有时连我自己也不知道为何还在坚持记者这个工作。

在长崎工作时，我曾撰写过一篇关于原子弹与和平的报道。我和父母都出生于冲绳，从小听着祖母及长辈们在冲绳战役中幸存的故事长大。在上小学低年级前我一直生活在广岛，曾经无数次参观过位于广岛的原子弹爆炸资料馆，也曾在学校里多次接受过和平教育。小学三年级时我转学到大阪，当告诉同学自己来自广岛后，同学们纷纷问我"原子弹爆炸是什么样的"。他们对原子弹的认知与广岛人完全不同，这让我深受打击，同时也留下了深刻的印象。在报社面试的时候，我提到了那件往事在心里留下的感受，于是后来有幸得到了采访原子弹爆炸幸存者的机会。身为记者，这样的机会难能可贵。在采访中，我也积累到了大量宝贵的经验。

在长崎，经历过原子弹爆炸的人不仅会向后代讲述自己的体验，还会结合当前世界上的纷争与环境等问题来叙述，以期引发人们对和平问题的思考。那时恰逢原子弹爆炸 60 周年，我因而多次得到海外取材的机会。我采访过战后嫁给美国军人的原子弹爆炸幸存者，也询问过美国人对原子弹爆炸及核武器政策的态度。这让我感觉到，尽管不在大都市，却也能听到价值观完全不同的人们说的话，感受到各种事物跨越时空紧密联系在一起，这提供给我一个学会从多角度看待问题的好机会。

2010年春天，我被调到东京的社会新闻部工作。社会新闻部里的大多数记者都是警察及政府的记者俱乐部成员，在自己深耕的领域拥有杰出的挖掘内幕的采访能力。或许是被大家看出了我没有抢夺头版头条的能力，因此当时的我没有被吸纳到某个特定领域的记者圈子，一直都处于"散兵游勇"的状态。总而言之就是什么方向的题材都做。我既会在意外事件或灾难发生时赶赴现场进行采访和报道，也会凭借着个人兴趣选择题材深入挖掘，撰写报道。

然而在几年后，我感觉自己遇到了职业瓶颈。

报纸是传递信息的媒介。身为一名记者，我深刻认识到新闻并没有绝对的标准，而仅仅具备相对性。例如，当重大事故接连发生时，平日里会刊登在社会版面上的新闻便销声匿迹（如今这样的报道大部分只会在电子版报纸上刊登）。过去一些并不会引人注目的小事，如今却能得到机会屡屡引发人们的关注，被媒体大肆报道。所以说真正决定"新闻价值"的，是特定时代、国家及人民看待问题的态度，对此做出筛选的人则是编辑和记者，因此难免存在主观要素（当然有时他们也会小看某件事的新闻价值，因错过好题材而追悔莫及）。

例如在2016年，一篇名为《上不了保育园，日本去死！！！》[①] 的匿名博文成为热门话题的同一时期，我也同样以面对孩子"入园难"问题的年轻父母在网上发出的声音为切入点撰写了一篇报道，然而主任却对我说："这算什么新闻？"关于保育园的问题后来被拿到国会上

---

① 2016年2月15日，日本一位年轻的妈妈在网上匿名写下《上不了保育园，日本去死！！！》的博文，文中抱怨政府无能，在奥运会上浪费金钱，自家的孩子却上不成保育园……这篇博文引发了大量日本国民的共鸣。——译者（本书注释均为译者注）

讨论，引发了强烈反响，政府也宣布将采取有力措施处理问题，这时又有人不停催促我"能不能就这个问题再写点什么"了。

"新闻"一词的字面意义就是"新的见闻"。最新发生的事、不常出现的事、发生变化的事容易写成报道，然而那些即使存在问题，却为社会所默许，变化缓慢，难以进入到大众视线当中的事，却总是难以成文。诸如"待机儿童"① 这种每年都在发生、在社会上已被视为常态的问题，也就不足以被称为新闻了。能出现在纸面上的大都是些"非同寻常"的事件。若是有一天"日常"变为了"新闻"，那说明一定出现了非常罕见的情况，或是这些问题引发了什么"事故"。

当然，许多记者每天都在绞尽脑汁，试图改变这样的分类方法。当原本已经被埋没的话题被重新挖掘出来、得到重视的时候，专业记者也就拥有了存在的价值。

在我从事记者的这 17 年里，新闻媒体的环境也发生了翻天覆地的改变。在我 2002 年刚刚入职的时候，人们使用的手机都还是"翻盖机"，手机拍照的画质远远达不到印刷水准，无法用在报纸上面。然而现在任何人都可以使用智能手机来拍摄照片、编辑视频，甚至进行直播。2010 年我刚刚开始使用推特的时候，记者实名发布推文的现象极为罕见，而现在，各种社交软件不仅是人们发布信息的平台，更是收集信息与申请采访的利器。由于网络媒体愈发重要，许多大型媒体机构也纷纷将重心放在了数字媒体的运营上。

然而在媒体行业的语境中，记者的"基本使命"却依然保持不变，那就是监督权力并与之斗争。即使当局想隐瞒不利信息，记者也

---

① 为了方便双职工父母与老人不方便帮忙带孩子的家庭能够放心生育，日本保育园可托管六岁以下的学龄前儿童，但入园前保育园将根据一系列指标对父母进行打分，以决定孩子是否可以入园。如果父母打分没有达到标准，孩子就不得不待在家中，这样的幼儿被称作"待机儿童"。截至 2016 年 4 月 1 日，日本有约两万多名"待机儿童"，其中 86.6％是两岁以下的幼儿，这还不包括一些"隐性待机儿童"（进入非政府认可保育园的幼儿）。

要不懈努力，力求揭穿真相并将其公之于众。刚正不阿，为保护国民的知情权战斗到底……这是报社始终所注重的信条。因此听到报社记者这个职业时，想必大部分人都会联想到揭发揭露权力滥用的调查报道，以及从战场和灾区带来的报道这样的内容。

反对战争、独裁及政治腐败，并与之抗争，无疑是新闻行业的重要使命。然而如果身处一个在"没有战争"的意义上算是"和平"的又能够通过选举选出执政者的民主主义国家中，则需要一些不同的做法。

即便是发达国家也存在着自己的问题。如何进行财富再分配？预算该用在哪些方面？如何缓解人民生活中的困难？在人际关系愈发冷漠的时代，如何调节人们与家庭、社区之间的关系？这些问题都不存在"标准答案"，而是要不同身份的人经过多次讨论，在彼此利害关系的不断调整中逐渐寻找到答案。在这个多元化的社会里，媒体仅靠追究当权者的责任，并不能从根本上解决问题，甚至有可能被人们认为是"为批判而批判"。若要说媒体能为社会性问题的解决起到什么作用的话，那就是仔细发掘问题，将个人察觉到的问题分享给大众，继而寻求解决之道。媒体不仅要报道容易引人注目的事件，更要深入挖掘那些难以被人察觉的事件，并努力将自己所看到的内容传达给社会大众。

媒体并非没有做过这些尝试，只是依然不够充分。我认为发达国家的民众对媒体越来越不信任的原因不仅在于贫富差距扩大化与网络舆论极端化，还有对"与自身息息相关的问题"被媒体边缘化而感到的不满。在倾听这些不满的声音时，我们有必要对处理新闻的态度、采访的手法以及撰写文章的方式进行改变。

2010 年，我在参与撰写一个以"独居者之国"为主题的系列报道时初次意识到了这个问题。这些报道先是连载在报纸上，后来被汇编成为单行本出版。报道的主题是"社会性孤立"。眼下，人们与社区和家庭之间的关系正在变得愈发淡漠，甚至以孤独死这一极端形式鲜明地呈现在大众眼前。报道关注的就是这一社会现象。

《朝日新闻》之所以会策划这一连载，是因为在2010年夏季，日本国内发生了一起震惊全国的事件。有人在东京都内的一所住宅中发现了一具已变成木乃伊的尸体。如果他还活着，那么年龄应该是111岁，同时也是东京都内最长寿的老人。该男子的子女和孙子同样居住在这所房子里，而该男子已经去世30多年了。没有处理尸体的原因是，该男子的退休金是这个家庭的收入来源，家人担心如果将他的死亡申报上去，整个家庭会难以维持生计。后来，国内各地也发现了大量类似案例，孤独死也成为了社会性问题。

在进行"独居者之国"的采访过程中，我发现类似的事件其实很久之前就已经在全国各地悄然上演。

例如很久以前，一些报纸的地方版中就出现过某人去世后，家人以"支付不起葬礼费用""不知道怎样处理"为借口将遗体放置不管，最终发展成刑事案件的小型报道。

与家人、熟人基本断绝联系，死后好几个月都没人发现的孤独死事件也时有发生。如果没有被认定为刑事案件发生，警方往往不会发布公告，这些事件也不会被写成报道。

然而如果将几百件，抑或上千件"不值一提"的新闻汇总在一起，就会发现它们背后存在着的重大问题——在如今这个时代，社会中人与人之间的联系变得脆弱，家庭作为安全网的作用也在逐渐减弱。这样的问题已经显而易见，却从未得到重视。通过这次采访，我深深感到，如果不从一种另类的角度去挖掘"新闻价值"，人们可能会对这些问题始终视而不见。

与此同时，我也感受到了社会意识的变化。

这一趋势是伴随着人们对"工作方式"的关注而出现的。由于非正式雇佣群体的规模扩大，"过劳死""吸血企业"等词汇越来越频繁地出现在大众视野中。拥有稳定收入、结婚生子这些在以前的昭和时代被视为理所当然的事，在泡沫经济崩溃后却都愈发难以实现。

从另一方面讲，在这个通货紧缩的时代，工资增长停滞不前，然而人们对服务的要求非但没有下降，反而还在提高。一般认为日本的服务价格和水平都是较高的，然而在高水平服务的背后，正有人为此而做出牺牲——如今人们已经开始逐渐认识到这一点。

我强烈感受到社会观念发生变化，是在对 2016 年 9 月发生的一起事故进行报道的时候。当时关西地区的私营铁路线上发生了一起跳轨自杀事件，导致电车停运，站台上一片混乱。与此同时，在另外一个车站里，一位正在处理乘客问题的乘务员突然惊恐万状、拔足狂奔，最终从高架铁路上跳下并摔成重伤。据目击者称，当时有几名顾客情绪激动地将该乘务员逼到角落，不停地追问他："到底什么时候开车？"这才导致了悲剧的发生。事件传播开来后，人们纷纷在推特上为这位乘务员辩护，并签署了一份请愿书，呼吁公司对他离岗并跳下高架铁路的行为给予宽大处理，并在后续对他进行心理疏导。其中有一位网友表示："在员工遭到恶意投诉时，公司有责任对他们进行保护。"

作为长期关注这一领域事件的人，我对互联网上的反应感到惊讶。因为若是在几年前，如果一个乘务员做出这样的行为，人们通常会骂他"不负责任"，并追究他擅离职守的责任。直到我撰写"独居者之国"的连载时，社会上依然存在一种强烈的舆论倾向，将贫困、遭受孤立与心理疾病等问题归结为"个人原因"。然而，如今在专家与援助人士的科普下，越来越多的人认同了"这些问题仅靠自身努力无法解决"这一观点。也有越来越多的人开始将"贫富差距"与"阶层固化"等问题视为与自己息息相关之事。

人们能够以低廉的价格获得服装和食品，这本身是一件值得感激的事。然而在这种现象背后，有一群人正为此而付出巨大的牺牲。为什么这些商品价格低廉？是因为社会上存在着雇佣廉价劳动力、进行大批量生产的系统。被称作"跨国公司"的巨型企业利用发展中国家廉价的人力资源，在全球范围内建立起了这样一个系统。如果没有独创性极高的产品，小型企业根本无法与之抗衡。伴随着大型企业寡头垄断程度的加深，就业环境愈发恶化，人民生活愈发艰难。全球化的浪潮甚至同样给发达国家带来了恶果，人们抱怨发展中国家抢走了自己的工作，或是抱怨企业想要与发展中国家的廉价劳动力进行竞争，拖累自己的工资也节节走低。

那么承接了发达国家大部分业务的发展中国家的生活状况又是否得到了改善呢？事实显然并非如此。劳动者们被迫以低廉的工资进行长时间劳作；当地环境遭到污染，产业被破坏；持续的不合理压榨行为孕育出恐怖主义，成为了冲突的导火索。

尽管不断有环境问题、矛盾冲突、恐怖主义和极端贫困等现实问题的报道，然而对于生活在日本的大多数人来说，这些问题都是发生在"遥远异国的事件"，他们不太认为自己的行动能改变现状。身为日本的媒体记者，自己能否更进一步，帮助人们将自己的日常生活与发生在地球"某处"的问题联系起来，并将其作为"与我们息息相关之事"来进行报道呢？隐约之间，我开始产生了这样的想法。

就在这时，长期担任 NHK "Close-up 现代"① 节目主持人的国谷裕子女士打算召集人手，共同策划新项目，我也受到了邀请。该项

---

① 由 NHK 所推出的一档新闻节目。于每周一至周四在 NHK 综合电视台、NHK WORLD TV 及 NHK WORLD PREMIUM 播出。节目的主题涉及国内外社会问题、社会世态、社会热点和热门人物等。作者提到的国谷裕子从节目推出以来就一直担任主持人。

目同时聚集了来自社会新闻部、文化生活报道部、网络媒体编辑部等跨多个领域的记者。

2016 年 7 月，在我第一次见到国谷女士的时候，她的提议是对"SDGs"这一话题进行挖掘。

Sustainable Development Goals（可持续发展目标）指的是联合国于 2015 年 9 月正式通过的 17 个可持续发展目标。2015 年是 MDGs（联合国千年发展目标）的最后一年，该目标侧重于解决发展中国家的贫困问题。而 SGDs 则设定为包含发达国家在内的所有国家应为之努力的目标。

本项目将由符合 SDGs 理念的报道与采访共同组成，条件允许的话，还会制作纪录片。国谷女士身为这方面的采访专家，负责对每个主题所属领域的一线专家与活跃人士进行采访，我们这些记者则负责撰写现场报道。

本书的另一位作者藤田皐月（《朝日新闻》Opinion 编辑部记者）于 2000 年入职，比我要早一些。当 SDGs 这一项目开始时，文化生活报道部主要负责的是生活类内容。我们两人的孩子同岁，在撰写文章时的方向也常常一致，因此我们都希望尽可能让日本人对环境、贫困这些他们原本认为是距离自己非常遥远的问题产生兴趣。这时我们想到，能不能以日常生活中不可或缺的食品、服装为突破口，鼓励人们去联想这些事物背后的"世界"中所发生的问题呢？

经过悉心准备后，项目终于在 2017 年 1 月启动。以该项目为中心，我与藤田记者多次就食品浪费、服装大量废弃等问题进行合作报道。当时我们非常担心自己的心声能否传递给读者，然而读者的反响却远远超出了我们的预期。本书是以藤田记者与我在这一年半的时间里所采访到的内容为基础撰写而成的。

第一部分讲述的是服装行业。以低廉的价格提供流行服装的快消时尚品牌的出现，使我们能以低成本享受到时尚潮流。然而这种现象所倚靠的是发展中国家的大规模生产。另一方面，其滞销产品也同样日益增加。过去那种光靠牌子就能卖货的时代已经一去不返，大规模生产的商业模式正在快消时尚之外的领域蔓延。"即使有部分产品报废，依然是大量生产的模式赚钱更多"成了行业心照不宣的理念。在这一部分里，我们将介绍服装行业的这一现状，以及业界为了改善这种现状所做出的努力。

第二部分讲述的是食品行业。对"惠方卷"等季节商品大量报废的现象及其背后原因进行探访。同时我们还将对曾在《朝日新闻》电子版中在线公开的纪录片里出现并引起过巨大反响的"不扔面包的面包店"的运营方式进行介绍。

第三部分是对消费者自身进行的追问。我们要把钱花在哪里、购买什么，这些行为本身也是一种社会活动。"我们每天都要进行的购物行为可能会令企业发生改变"——我们尝试着从这一视角提出了话题。

或许有些人会感到无助，认为"仅凭我一人做出变化，又能改变什么"。不过我想说的是，即便是看上去难以抗衡的"巨型企业"，在其内部工作的也不过是一个个普通人而已。

其实我也经常陷入迷茫，因为在外人眼里"报社记者"的形象，与我们的实际形象相比，总是要高大得多（当然，与过去相比，人们越来越不相信媒体，对记者有所期待的人也变得越来越少）。

大约 5 年前，当时我还在静冈总局工作，曾经带过一批有志于成为记者的大学生。

经过两天一夜的培训后，其中一位学生对我说："我原以为新闻记者都是那些能够满怀信心地写出报道，并表示'这就是正确答案！'的人。可没想到记者在写作时也会有那么多的烦恼。"

"原来他们是这样看待记者这个职业的"，我不禁露出苦涩的笑容，内心却又感到一丝欣喜。报社记者需要听取各种观点，查阅资料，并通过比较各种事实来撰写报道。即使同样的资料摆在眼前，不同的人所得出的结论也会有所差异。事件相关者的论点有时甚至会彼此冲突。你对事实的核查是否充足？在追究某个人的责任时，你的言辞是否过于严厉？你觉得某件事有问题，会不会是自己理解有误？又会不会是被人误导？每一次都是磨到最后一刻，我依然在与各种不同身份的人不断讨论，并为此苦恼。即便如此，我还是经常会在报道发表后，从读者的反馈中得到新鲜的观点。当我还是个职场新人时，有人告诉我："当你听到一句抱怨时，就要默认有一百个人心存不满。"因此即使是一条抱怨或好评，报社也会非常重视。

身为报社记者，我能与身处不同领域的各类人士交谈。在不断积累经验的同时，我也逐渐感受到，无论看上去多么"强大"的组织，其内部的工作人员也会非常关注外界的声音。强势的跨国企业也好，政治家也罢，他们都对公众舆论颇为敏感。如果一个组织不能倾听外部的声音，那么迟早会走向衰亡。

因此身为消费者，请不要放弃对企业发声。除去投诉以外，如果你认为企业有值得夸奖之处，也请不要吝惜你的好评。因为这些好评能够帮助企业验证它们前进方向的正确性，同时为那些原本对路线有所怀疑的人提供动力。如果你通过社交平台与周围的人分享这一信息，或许也会帮助其他人注意到这一现象。事实上，这些行为日积月累，已经逐渐发挥出作用，引导各大公司作出改变了。

重大变革的第一步，通常从一个毫不起眼的小小改变开始。以志愿者或社会企业家的身份为社会做出贡献的形式或许并非适合每一个人，但若从日常生活着手，我们能做的事还有许多。如果越来越多的人开始关心日常生活中那些不可或缺的商品是如何生产、来到我们手中的，并因此改变自己的购物方式，那么无论是企业还是社会，同样也会随之改变。

衷心希望这本书能够成为触发改变的因素之一。

第一部分
服装行业篇

第一章 服装依然在被不断丢弃

1 库存处理行业现场

文：仲村和代

每4件服装里就有1件被丢弃

据说，每年都有10亿件崭新的服装未经顾客之手便被丢弃。

初次听说这件事，还是在我刚刚接触到SDGs这一项目的时候。如今已经记不清最初的了解途径了，但应该是偶然间在网上发现的。

10亿，这可不是个小数目。这意味着供给日本的服装中，每4件里就有1件被丢弃。在日本，"勤俭节约"的观念深入人心。过去的人们总是想方设法将有限的资源利用到极致，杜绝生活中的浪费行为。二战后，日本人迎来了大量消费的时代。尽管循环利用的习惯已经逐渐消失，但大多数人在生活中还是会尽量避免浪费。这样做一方面是为了节省家庭开支，一方面也是为了避免为环境增添过多负担。"断舍离"这一概念如今已经不仅是一种时尚，更是人们所持有的"拥有大量物品并不一定代表着充实与幸福"这一理念的体现。

相信许多人都有过这种苦涩的经历，有些衣服买回来后穿着并不好看，或是迅速过时，最后没穿几次就丢弃了。但如果这些服装甚至未经消费者之手便遭到大量销毁，问题就更加严重了。

关于服装销毁的传闻究竟是真是假？为什么会发生这样的情况？带着这些疑问，我（仲村）与藤田皋月两名记者开启了此次探访之旅。

条件是"不许拍摄品牌商标"

在一间有三层小楼那么高，部分开放的仓库里，整整齐齐地堆放着大量纸箱。每个纸箱上都贴着白纸，上面用油性笔写着"SS 号男装""裙子 20 件"之类的字样。

箱子里面装的全都是崭新的服装。我看了看里面，发现那些衣服都叠得整整齐齐，完全可以拿到店里去卖。有些服装被熨得平平整整，外面甚至还有一层塑料袋做保护。

2018 年 3 月，我拜访了大阪市库存商品销毁公司"Shoichi"位于西成区①的某间仓库。因为我听说有些服装企业和工厂会将大批"未售出"的服装运往这里。

两个月前，我打算正式就"崭新服装被大量销毁"这一问题进行探访。然而服装企业却希望大量销毁的事实尽可能不要被公之于众。此外，服装行业的生产、流通等各个环节纷繁复杂，很少有人能够把握全貌，也很难找到能向我讲述实际情况的知情者。当时，我对服装销毁处理的渠道和地点等消息仍旧一无所知。

就在这时，有人告诉我"有个地方或许可以问问"，而他介绍给我的公司正是 Shoichi。尽管并非销毁现场，但那里却存放着许多未售出的服装。这家公司也曾多次接受过电视台与杂志社记者的采访。我发了邮件试着打听一下，公司总经理山本昌一先生迅速给我回了信，表示可以接受我的采访，但条件是"不许拍摄品牌商标"。

---

① 日本大阪市内都市化更新程度较为缓慢的一个旧城区，早期是工业较为发达的地方，大多数居民是产业工人。

山本总经理出生于 1978 年，他在鸟取大学毕业的时候恰逢"就业冰河期"①。他在大学时代曾兼职做网络拍卖，有名牌产品销售的经验。由于就业困难，他干脆利用这些经验，独自经营起一家拍卖店。在创业过程中，他接触到了库存销毁方面的业务。

我与摄影师一同来到 Shoichi 的仓库。那里位于一片仓库、超市与住宅的混合建筑区。仓库入口的宽度只能允许大约两辆汽车同时通过，但内部空间却足足有一间体育馆那样宽敞。

"库存时刻都在变化，所以我也不清楚此时的具体数量。不过算上其他仓库里的服装，约摸着得有上百万件吧。"山本总经理对我如此说道。在我们说话的当儿，就有卡车开进仓库，卸下了装载的纸箱。那些纸箱随即被叉车运往仓库的更深处。据说每天都会有四五千件服装被运输至此，今天也不例外。

这些服装为何会被运到这儿来？山本总经理打开一个纸箱向我解释道："这个在我们这儿被称作 B 级品，也就是无法通过工厂质检的产品。外行人基本看不出什么问题，但企业的检查是相当严格的。"我仔细一看，只见纸箱里装着十几件灰色薄款女式连帽卫衣。山本总经理取出一件展开来给我看，我却找不出任何问题。

"这些都是企业运来的。在店里卖不出去，所以尺寸大小不一。"另一个纸箱里装的是样式朴素的棕色长裤。这种长裤算是经典款型，放在店里应该不至于卖不出去，但似乎是因为型号不齐，所以才被送到这里。

这些运来的纸箱上，有不少都写着企业或卖家的名字。我四下里转了一圈，看到不少自己最近购买过的名牌，以及我十几岁时流行过的服装品牌。当时我手头并不宽裕，按原价是万万买不起这些牌子

---

① 指日本在泡沫经济崩溃后社会就业极为困难的一段时期，通常认为是 1993 年至 2005 年。

的。然而现在却看到这些设计精美、做工优良、只因一点小小的瑕疵便惨遭遗弃的服装堆积在这里，确实让人始料未及。过去心心念念想要得到的衣服，如今却落得如此下场——思至此处，我不由得深深叹了口气。

暖冬时外套会滞销

据山本总经理介绍，运到这里的绝大部分都是女装。有些是过了交货期限，被企业拒收而导致无处存放，有些甚至还没进店就成了"处理品"。

而 Shoichi 的工作就是为这些未售出的商品寻找"出路"。这些服装有些会挂在自家运营的网店上售卖，还有些会送到车站前的小商品街上进行甩卖。运来的服装会通过人工手段摘除商标，以无法识别品牌的状态送出。即便如此，部分公司依然会禁止自家服装参与促销活动。因为附近就有按原价出售的正品店，他们担心这样做会影响到正品的销路。尽管采购时会受到重重条件限制，但这些服装的进价只有原价的 1/10 左右，而在一般行情下它们可以卖到原价的 17% 到18%。少数情况下也会有些服装再怎么降价也卖不出去，因而要被送去销毁，但不到总量的 1%。

自山本总经理 2005 年创办 Shoichi 以来，公司业绩不断增长。他的公司每年约与 600 多家公司进行合作，处理的服装高达 500 万件。

既然如此，为什么还会有那么多服装卖不出去？经由山本总经理介绍，我又采访了一位 60 多岁的男子，他曾在一家经营女装和日用杂品的服装企业长期从事销售工作。该企业的服装过去在国内的岐阜生产，如今则将主要生产基地移到中国。

"服装这种东西，企业会提前半年到一年将预测好的流行款式发给工厂进行订货，但这个预测在多数情况下未必准确。冬款外套就更难预测了，要是天冷的话还能卖出去些，可一旦遇上暖冬，就得有三分之一剩下。哪怕是降价处理也卖不出去。"

就不能等到第二年冬天再卖吗？

"毕竟有流行这一说嘛。服装搁上一两年，样式早就过时了。企业每天都在研究新鲜款式，要是放着库存不去处理，现金流会吃不消的。而且为了下次采购，也必须尽快处理库存。从这方面来讲，我们倒是非常感谢 Shoichi 这种帮我们将库存服装摘除标签、抹去品牌后进行销售的公司。"

从名不见经传的小公司到知名大厂，都与山本总经理保持着长期合作关系。他表示："像我们这样的公司，如今已经成为了服装行业里不可或缺的'基础设施'。……毕竟再厉害的人也无法精确无误地预测销量。既然不知道顾客究竟会买多少，那要么就多做一些，要么就让顾客等着。但哪儿有那么多顾客宁可等着也要买你家的货呢？所以为了尽可能不错失销售机会，就只能多生产一些。要是能提高速度，减少商品到达顾客手中的时间，就不会出现这么多浪费，干我们这行的人或许也能少些。不过也没办法，各有各的苦衷。"

甚至搭设有摄影棚

离开仓库后，我又拜访了 Shoichi 的办事处。办事处位于大阪船场地区纺织一条街的一栋四层小楼当中，这里同时也是公司总部（现已搬迁）。沿楼梯走上四楼，我发现里面有一间摄影棚，一位女模特正在摆拍。

这里的女性员工会将服装搭配起来进行拍摄，挂在自家公司的官网上。据称这是为了"通过增加商品附加值的方式，向顾客传递商品的魅力，从而令商品卖得更好"。她表示，如果某种商品还剩下 100件左右，那么为它进行拍摄就是划算的。

我没想到会在这里听到"附加值"这个词汇。当我最早在大分县工作时，那里正在进行所谓的"一村一品运动"，每个城镇都计划推出自己的特色产品。当时从事农业、渔业等第一产业的人们就非常喜欢把"附加值"这个词挂在嘴边。那里生产的农作物不会直接出货，而是先进行加工处理。这样做的好处是能够延长产品的保质期，而且能使那些外形欠佳，原本无法卖给采购商的农作物同样得到利用。这样既提高了收入，产业扩大后又在当地创造出了就业岗位。看到服装行业同样在使用"附加值"这个词汇，而且用法基本相同，我不禁感到惊讶与新奇。然而仔细一想，这些服装与加工过的农产品确有共同之处，即"充分利用其原有特性，在此基础之上添加一点修饰，使其成为消费者愿意购买的产品"。

我再次将挂在衣架上的服装一件件拿在手上观看，发现它们全部都是做工精良的流行款，即使挂在百货店里销售，也丝毫不会令人觉得异常。

除此之外，我还浏览了 Shoichi 的官网，上面有这样的广告语："淘货好去处！以独特渠道，为您提供价格优惠合理的服装。您在百货商场和电视购物里看到的服装，Shoichi 都有出售。"

Shoichi 的官网中所做出的解释是，这里销售的服装之所以价格低廉，是因为服装标签被剪掉、生产商取消了对该品牌的供货，以及物品正在清仓等。除此之外在 Shoichi 官网上，模特穿得光鲜亮丽，应季服装也一应俱全，与其他时装销售网站别无二致。

我尝试着将自己代入消费者的视角，来看看网站上是否会有自己想购买的商品。最终我选中的是一条时髦的高腰米色阔腿裤（2 480日元）和一条主打"成熟休闲风"的淡紫色长裙（2 380 日元）。

这两件商品都会让我忍不住想多买几条。当服装送到我手里时，我发现它们的质量与百货公司里出售的商品相仿，价格却只有它们的20％到 30％。

如果 Shoichi 没有收购，那么这些服装可能就要直接被丢弃了。明明是同样经过设计和生产的服装，只是因为命运的些许差异，有的得以全价卖出，有的被当成特价商品半价出售，有的则要被隐藏品牌，只能卖到二折价格。最差的情况下，它们会作为垃圾销毁。

虽然很难意识到，但这些处理服装的成本会被加在其他服装的价格里，最终依旧要由我们消费者来承担。

我想知道自己平时购买衣服的钱究竟被用在了哪里。在那些因"附加值"而得到重生的商品面前，我不禁心情复杂。

2 全新服装遭到销毁的来龙去脉

文：藤田皋月

漫步京滨岛

当仲村记者在大阪采访库存处理行业的工作人员时，我（藤田）也正巧在为寻找全新服装的销毁工厂而四处奔波，伺机进行探访。

我首先赶赴的是位于羽田机场北面不远处的掩埋场——"京滨岛"附近。在一大片机械零部件工厂与金属加工厂之间，存在着不少处理源自首都圈①家庭垃圾及工业废弃物的垃圾处理厂和该行业的从业者。

正当我逛来逛去，同时也用手机在网上查阅资料时，一间废弃物运输公司的办事处映入眼帘，公司院子里还停放着几辆用来运输废弃物的密封式垃圾车。我在门口打了声招呼，办事处的一名男子接待了我。

"国外的知名企业都跟我们合作过，为了处理他们滞销的服装与挎包。"略加回想后，男子继续说道，"全都是些价格不菲的服装，有

---

① 也称东京都市圈或东京圈，是日本三大都市圈之一，是以首都东京为中心的巨型都市圈，一般包括东京都、神奈川县、千叶县、埼玉县。

的运动衫一件就要卖 15 万日元。一共装了我 3 辆车，说是全部要做焚烧处理。"

正如我所料，这些滞销的服装确实是要被送去销毁的。但我依然有些想不通，若能把这些服装降价售出，不是可以回收一部分生产成本吗？那名男子回答了我的问题。

"正因为是名牌才要彻底销毁。据说那家企业连正常促销活动和员工优惠活动（指对老顾客、员工及其家属进行的内部促销）都不搞的。要是降价销售会影响到品牌价值，所以即使贴钱销毁，也要将商品粉碎、焚烧，避免有人倒卖。"

男子又说："对方还要求我们把每件商品销毁后的照片当做证据发给他们。"

据说销毁完成后，企业方面的对接负责人向他表示了感谢，并对他说："我把照片发回国内，上司还夸奖道'到底是日本，办事就是妥当'。"过去曾以勤俭节约的美德而闻名的日本，如今却因销毁工作干脆利落而备受好评，这不得不说是种讽刺。

为维护"品牌价值"而"销毁"

几天后，我就"为什么要销毁库存商品"这个问题，请教了"百年咨询公司"的总经理铃木贵博的看法，他过去也曾多次做过服装企业的咨询。

"销毁库存商品这一做法，不只是服装行业，在食品与家电行业当中也同样存在，是商务活动中的重要环节。只不过在服装行业内部，'商品陈旧化'理论始终是商业模式的核心。换句话说，就是降低上一季产品的价值，从而达到销售新产品的目的。举例来说，推出本年度的流行色，就是上述战略中的一环。这样做的目的是提醒消费者，去年那些颜色的衣服已经没有价值啦！"

如此这般，过去的商品渐渐地"被陈旧"，被尽可能地从市场上剔除，这是诱使消费者购买最新产品的手段。正因为贯彻了这样的商业模式，服装行业才会将未售出的库存商品销毁。

"万一商品以低价流入市场，将引发价格崩溃，品牌价值也会受损。为了预防这样的风险，销毁是最为有效的办法。除此之外，商品积压在仓库里，还会增加税金，不利于经营管理。"

据铃木总经理解释，库存商品的售出不仅能提升销售额，还能将这笔账列入"生产成本"当中，起到避税的作用。但长期无法售出的库存商品将被算作"存货"，存货不能被算入成本，不仅无法避税，还会赖在公司对金融机构的贷款账单中，产生更多利息。但如果销毁库存，就能将这笔费用算在商品处理的账上，有利于公司避税。

"总而言之，综合各种因素来看，销毁库存商品是企业的上上之策。尤其是对知名服装企业而言，商品的生产成本在总成本中所占的比例不高。即使销毁，也不会产生太大的损失。"

讲述过原因后，铃木总经理又说："不过想要找到销毁工厂就千难万难了，因为他们都要签署保密协议。"

严格的保密协议

事实上，就连上文中提到的那位从事废弃物运输工作的男子，也绝不肯向我透露品牌的具体名称，只告诉我那是一个有资格在银座出售的名牌。

"因为我们签署过严格的保密协议。"

时装行业的商业模式，归根结底是向消费者出售靓丽、英俊及可爱的形象。或许企业本身也清晰意识到，销毁全新服装的行为如果为社会及大众所知，其企业形象很可能在人们心中大打折扣，最终影响到公司的品牌价值。

我在京滨岛附近进行了一段时间的探访，但最终也只从工人的谈话中得到了诸如"去年好像有家快消时装品牌烧了库存""那家垃圾焚烧厂好像接了服装企业的库存"等只言片语的信息。从这些消息中，我得知会销毁库存商品的似乎远远不止名牌企业，但由于保密协议的"壁垒"过于高大，我终究没能亲眼见到服装的销毁车间。

后来我在采访一家以企业为客户的销毁咨询公司时得知，近几年有一种新型处理方法正被推广开来，其做法是将库存服装与废弃塑料等垃圾结合后凝固、塑形，并作为燃料使用。以这种方式生产出来的固体燃料被称作 RPF（Refuse derived paper and plastics densified Fuel，垃圾衍生纸塑增稠燃料）。该处理方法在日本被称作"热回收"。由于这种说法将服装销毁归入了"回收再利用"的范畴，因此企业在处理商品时也能减少一些心理负担。

不过直到最后，我依然没能探访到最关键的"销毁车间"。

《朝日新闻》如何处理"正确之事"的矛盾

2017 年秋，我和仲村记者萌生了就"服装销毁"这一题材进行报道的念头。

正如仲村记者在"序言"中所提到的那样，从那一年的 1 月起，我们在《朝日新闻》中策划了名为"2030 年，由 SDGs 来改变"的专栏，由新闻播报员国谷裕子女士担任"领航人"。

SDGs 所提出的"消除贫困""性别平等""清洁能源"等，都是为了人类今后的生存所必须做到的目标。不过正如前文所言，大多数读者真的会将它们视作与自己息息相关的问题吗？我们的心里不禁泛起一丝忧虑。

而我个人更加担心的是"没有人能对 SDGs 的目标进行否定"。

一眼就能看出，SDGs 提出的每个目标都是"天经地义"的。然而《朝日新闻》在进行报道时，却是在用居高临下的视角，以教训般的口吻向人讲述着"绝对正确的大道理"。这种近似强加于人的观点，却只会使人敬而远之，或者干脆视而不见。或许有人会鄙视我身为一个报社记者却如此软弱的态度。但我依旧担心《朝日新闻》能否将SDGs 的重要性传达给读者。

这样的想法在我脑海中挥之不去，于是和仲村记者商量此事。她告诉我："食品浪费问题如今已经广为人知，但还有许多崭新的服装也同样面临着被销毁的命运。"

我通过国外的新闻对一些发展中国家廉价快消时装生产车间中工人劳动环境恶劣的问题略有耳闻，却几乎没有见过崭新服装在日本大量销毁的报道。市场上的服装往往会在极短的周期内被大量替换，会发生这种事情倒是不难理解，但我在日本国内却从未亲眼见过仲村记者所提到的现象。

任何人都离不开服装。如果能通过报道，让大众了解服装销毁的真实现状与背景，或许就能促使人们对"自己身上的衣服究竟是怎样生产出来的"这个问题进行更加深刻的思考。怀着这样的想法，我们两个人展开了探访。

10 亿件？30 亿件？100 万吨？

在"服装销毁"的报道中我们必须向读者揭露的数据，是在全新状态下遭到销毁的服装数量。我认为只有将这个数字展示出来，才能最有力地向读者传递出我们的讯息。

在互联网上进行搜索，能够找到 10 亿件、30 亿件乃至 100 万吨的天文数字，然而这些数字都没能给出具体的依据及计算方法。有些数据将来自一般家庭的二手服装也计算在内，而在国家相关机构的某些资料中，还出现过这样的内容："根据服装行业听证会的内容显示，由于厂家直销、打折促销等处理滞销品策略的实施，全新服装的销毁废弃量已经接近为零。"

这样下去肯定是找不到答案，看来只能向国家相关部门咨询。我首先向环境省询问是否存在该方面的确切统计数字，得到的答复是：

"不是没有调查过，但我们唯独没有得到关于全新服装销毁废弃量的统计数据。"

经济产业省也表示他们手中只有服装的"国内供应量"，即生产量与进口量之和。至于销毁废弃量与滞销库存量则未能找到相关统计数据。

那么只需要知道消费量（消费者购买的数量），再用供给量一减，不就能得出滞销库存量了吗？按照这样的思路进行搜索后，我发现在官方公布的资料里能够得到这些数据的，有内阁府的《国民经济计算年报》与总务省由《家庭经济调查》所推算出的"家庭消费规模"数据，该数据是由日本纺织品进口协会所发表的。除此之外我们还借助了其他统计数据，最终推算出了一个基本数字。

2017 年的服装供给量约为 38 亿件，消费量约 20 亿件。两边一减后，可以得出滞销库存量约为 18 亿件。经过详实可靠的估测后，我们于 2018 年 7 月在报纸上发表的一篇报道中如此写道：

> 尽管全新服装的滞销量与废弃量尚未存在官方统计，但从国内的供应量中减去购买量后，可以推测出这个数字超过 10 亿。除去部分被转卖的商品以外，每年被焚烧和与废塑料结合并转化为燃料的方式而被实质销毁的服装数量，很可能高达 10 亿件。

而在仲村记者与一位服装行业的专家进行交谈时，对方也承认："从销毁车间的状况来看，约占供给量 1/4 的服装被废弃销毁这一说法，并不让人意外。"

在对全新服装的废弃销毁问题进行探访的过程中，我们所面对的是难睹真容的销毁车间与暧昧不清的统计数据。之所以没有统计数据，或许因为这还算是一个政府未能明确界定的"新问题"。但我却依然无法打消心中的疑惑，在保密协议的"高墙"所严防死守的背后，是否存在着服装行业不愿展示给社会的"不便透露的真相"，以及国家不愿明说的"不便透露的数字"？那或许是一个我们这些享受着大量时装的消费者所不愿看到的现实。

带着这种想法，我们继续进行探访。

3　罪魁祸首是快消时尚吗？

文：仲村和代

服装滞销，产量却不断增加

每年都有多达 10 亿件服装尚未被人穿过便被丢弃，这不得不说是个令人震惊的事实。在与藤田记者不断探访的过程中，我们逐渐窥见了这个问题的冰山一角。

然而，为什么会发生这样的事？若不深入了解这一行业的历史与运作方式，恐怕很难理解。于是我（仲村）与时装顾问公司"小岛时装经营"的法人代表小岛健辅取得了联络。

小岛先生出身于一个经营服装店与时尚用品店的世家。大学毕业后，他进入一家大型女装店工作，并于 1978 年成立了自己的公司。他主张"以数据，而非感性进行经营管理"，并亲自前往客户的销售现场进行指导，对其经营模式提出建议。

在博客上，他言锋犀利，不惧批判，常常能一针见血地指出问题所在，这令我在与他见面之前着实有些紧张。然而在见面时，我发现他的话语条理清晰、简明易懂。

在我表示想要了解关于服装遭到大量废弃的问题后，小岛先生首先给我展示了一张图表，上面的信息是自 1990 年以来日本国内的服装供应量、消费量，以及商品销售率。

"除去内衣外，上世纪 90 年代的服装供应量约为 12 亿件，这个数字在过去的 25 年里增长了 1 倍以上，然而消费量却增长不多。而其结果也是理所当然——原本超过 95% 的商品销售率，如今跌落了将近一半。换句话说，消费者的消费量基本保持不变，唯独生产量大幅增加，因此出现了大量剩余。"

听过他简洁明了的解释后，我不禁点了点头，但紧接着另一个疑问涌上心头：为什么明知卖不出去，却还要增加产量呢？

小岛先生说，这与 2000 年后在国内发生的"服装业大萧条"有关。

国外服装企业推动全球范围内的分工合作使商品价格大幅降低，所谓的"快消时尚"品牌生产了大量"价格便宜，质量也不差"的产品，它们在日本同样大受欢迎。

快消时尚的一大特征就是，从策划到贩卖的周期极为短暂。如果是一般的服装企业，从计划推出商品到开始贩卖，起码需要半年到一年左右的时间，然而快消时尚企业可以把这个时间压缩到几个月，这样做也有助于他们更加迅速地捕捉到当下流行趋势。尽管价格便宜就意味着质量有所下降，不过反正服装的流行周期也长不到哪去。这能让那些注重性价比、希望"花点小钱就能把自己打扮得时尚靓丽"的消费者们感觉自己"占到了便宜"。

"而首当其冲的正是日本国内服装企业。百货商场里那些价格相对便宜实惠的品牌产品被快消时装全面替代，想要止住销量下滑趋势、保证利润，唯一的办法就是降低成本。"

"反正促销的时候会降价……"

那么要如何降低成本呢？小岛先生说，方法之一就是大批量生产。

"大批量生产并非为了省事。无论产量多大，制作工序基本相同。重要的是要找人工费用低廉的国家下订单，以此降低成本。

"在日本的工厂里，大部分工作都由小团队分工合作完成，这种生产模式更加接近于定制。企业通常以几十件服装为单位下单。换成中国的工厂，订单就会以 500 到 5 000 件为单位。而到了孟加拉国或越南，这个单位还会继续增长，变成 1 万到 10 万件。

"在团队分工合作的情况下，工人会经手不同种类服装的整个制作过程，因此在几年后，工人的技术水平会得到提高，工资也会上涨。但在孟加拉国那样的国家里，制作工序和流程被细分化，即使刚刚进厂的工人也能迅速投入工作。甚至有的人进了工厂，整整一年都在安装服装右侧的纽扣。这样的工作无论干上多久，工人的技术水平也不会提升，工资也不会上涨。"

至于企业方面，由于成本降低，也做好了商品滞销的心理准备，只要整体能盈利就行。消费者所注重的只是眼前的衣服，然而成本一旦降低，产品质量就会受到影响。这样一来，消费者就感受不到眼前的服装与快消时装的区别了。随着产量的增加，通过特卖会、卖场和员工优惠活动等方式进行降价销售的产品也会增加。消费者会产生"反正再等一等就会降价"的心理，从而降低了购买的积极性。企业通过各种方式努力防止商品滞销，但当人口不再增长，人民的收入也不再大幅上涨，唯独供应量在不断增加的时候，其努力的成果也就有了上限，最终沦落到恶性循环的现状之中。

小岛先生也承认服装的供需调整极为困难。无论任何产品，从策划到下单、销售，都至少要花上半年到一年左右的时间。在此期间，流行的方向往往会产生变化。不仅如此，有时服装还会经历"从畅销到滞销"这一过程。因为如果其他企业生产了同样的产品，也会造成供给过剩。

"所有企业都在调查竞争对手的连锁店里是否存在同类产品，然而供需的差额却要等到答案揭晓的那一刻才能知道。"小岛先生这样告诉我。

一旦下了订单，采购面料、裁剪、缝制等工作便会在工厂那边如火如荼地进行起来。想要中途改弦易辙，比如改变设计或减少订单数量等，都极难实现。除此之外，即便是同一种设计，一年后在人们心里的印象也会发生细微的变化，商品会因此不再畅销，也就没法在次年继续销售。

小岛先生表示："即使通过大量下单来降低成本，问题依旧无法解决。企业需要进行的是根本性的改革。"

停滞不前的日本设计师

服装行业的从业者们同样感受到了危机。2015 年 12 月，经济产业省举办了"服装供应链研讨会"，召集业界人士与消费者共同展开了讨论，小岛先生也在会上担任委员。

于次年 6 月出炉的会议报告中同样提出了"门店过多"与"供给过剩"的问题。原文有些长，但为了直观地展示出服装行业的问题，我还是将其引用如下：

> 在需求不振的背景下，新店开张导致的无序竞争屡屡出现。其中盈利状况不佳的店铺在对服装行业的利润进行挤压的同时，也降低了业界对顾客的吸引力。对过去以服装为主要商品的百货商店与量贩店（包括购物中心）而言，"店铺过剩"所造成的影响尤为明显。此外，由于产品供过于求，导致季节性产品不以原价而是以优惠价销售的状况成为常态，这导致了商品成本率的上升，进而导致了商品质量的下降。业内这些司空见惯的做法除了让以原价销售的商品比例进一步下滑外，还会降低消费者的购买意愿。

报告中指出，服装行业为了降低成本而将产品外包化，而且不再倾向于生产"独特"的产品，而是生产更加"安全"的潮流品。同时还提到，越来越多的商品只能通过打价格战的方式吸引顾客的目光，"业界最终陷入了'产品过时→消费者的购买意愿减退→继续打价格战'的恶性循环当中"。

想要对抗以周为单位进行新产品策划的快消时尚行业，要么提升创造能力，引领新的潮流；要么专注于产品，强调材质和工艺。想要通过这种方式提高产品的附加值，关键是要活用设计师。报告中还指出："日本设计师的创意在海外备受推崇，然而'生产能力''经营能力'与'资金筹措能力'却成为了他们事业发展的瓶颈，导致其才能无法变现。无论是提升现有服装企业的创造力，还是从零开始树立'设计师品牌'，灵活运用中青年设计师的才能都是业界的重要任务。"报告最后指出："留给我们的时间已经不多，必须在 2020 年之前加快步伐。"

许多公司设计的服装根本不符合消费者的审美，却仍在不断开发，消费者因此不再购买该公司的产品。公司为了弥补缺口，便会进行大规模生产，但供给过剩只会使消费者的购买意愿愈发低迷，进而出现大量剩余——当我站在消费者的角度来看待报告书中所提到的商业模式时，我认为这个结论是颇有道理的。

"全身上下只穿优衣库就够了"

最近去百货商店里购买牌子货的机会少了许多。一方面在于我已经工作了十几年，需要的服装基本已经备齐了；另一方面在于没有什么理由为了买衣服而特地跑一趟腿。有好几次我都是在不经意间发现，自己全身上下穿的都是优衣库品牌的衣服。有人指出过优衣库在员工劳动环境与环保措施方面所存在的问题，我也很苦恼，不知道对此应该如何评价，但当我站在消费者的角度将其与其他品牌的服装进行比较时，确实感觉优衣库的衣服设计简洁明了，质量中规中矩，价格也还算合理，毫无疑问属于高性价比商品。

我有一条非常喜欢的深蓝色自然褶锥形裤就是三年前在优衣库购买的。它的外观与舒适度都不差，工作日和休息日都能穿，配上衣也百搭，而且适合各种季节，每周我都会穿上那么一两次。它可机洗，免熨烫，也不褪色，穿了三年都没出现任何毛病，原价甚至还不到3 000日元。

而在购买那条裤子的前不久，我刚刚花了6 000日元，在百货商店大甩卖时以半价入手了一条白色锥形裤。老实说，当时我还是相当震惊的，因为我觉得自己更喜欢优衣库的那条裤子。它既可以让我毫不犹豫地扔进洗衣机里清洗，价格也便宜许多。后来我又在优衣库买了另一种颜色的同款裤子，而当同系列的阔腿裤上市时，我也立刻买了一条。

我认为日常生活中的穿搭有优衣库就足够了。原本我还会去百货商场买些特定服饰，但感觉那里的商品相互之间区别不大。从质量上来讲，我觉得优衣库与百货商场的服装没有太大的差别。摆在百货商场里的也都是些本年度的流行服饰，即使想去找些有特定用途的服装，也只会一无所获。再加上导购员只会喋喋不休地重复着"这种衣服卖得特别火""这是最新款式"之类的推销话术。对我来说，买衣服一要凸显个人品味，二要与所处的环境相匹配。我不关心别人买了什么，也不关心市场上有什么新产品，所以只要听到那样的话，我就会瞬间失去与他们交流的兴趣。这令我不禁感叹，店员是服装方面的专业人士，有他们帮忙挑选，有可能找到合适的服装，却也有可能因此吃亏。因此从店里逃也似的回到家后，我开始越来越多地选择先在网上按照自己的标准进行搜索，在诸多品牌之间进行比对后再购买衣服。

我对时尚没有过多要求，对自己的品味也没多大信心，因此始终觉得穿衣打扮适可而止，不要过于怪异就行。我念书的时候过得比较节俭，即使后来工作挣钱，有了一定的消费能力后，也始终无法摆脱骨子里的穷酸劲儿，买的东西大多数是减价促销品。女装杂志上说"牛仔裤穿两三年就会变形，因此要时常更换"。确实，穿过几年的衣服会显得俗气，但我的衣服却依然一穿就是好几年，既不愿卖掉也不愿送人。过去我一直好奇人们要怎样处理多余的服装，但最近我开始阅读一本叫《断舍离》的书。受书中观念影响，我终于能够下定决心舍弃或卖掉一些旧衣服了。然而丢弃它们时心中萌生的愧疚依旧令人难以忍受，因此我在购买时变得越来越谨慎。最近我还会选择用服装租赁作为自己适当更新穿搭的方式。

时装行业的工作者们在生产服装时或许不会瞄准我这种对服装一知半解的消费者，而会以对时尚更加敏感、更加了解自己想要什么服装的人作为目标用户。但像我这样在穿衣打扮时以"低调"为目标的人，恐怕也不在少数。

在过去，"穿衣就要穿名牌"是人们的共识，因为名牌服装能够满足人们的占有欲。然而当这种价值观本身不再为人们所认同时，就没有理由特地去购买了。而且，除非这些"名牌"能让你显得时尚，或是能让服装穿着者非常舒适，否则它们与优衣库等快消时装的原材料基本一致，质量也相差无几，并没有特地购买的必要。即使企业想尽各种办法来刺激购买欲望，但如今的消费者已经不愿意再购买自己需求以外的服装了。

柳井正最为尊敬的女性

曾经与小岛先生同样担任经济产业省研讨会成员的尾原蓉子女士，从另一个角度为我解读了服装行业大量废弃的问题。

尾原女士 1962 年毕业于东京大学。在那个极少有女性被企业正式聘用的年代，为了继续工作，许多女性会选择成为公务员。然而尾原女士却表示"想去私企工作"，继而进入了旭化成公司，开始涉足纺织业。她曾以富布赖特奖学金获得者的身份留学美国纽约时装学院，并将"时装经济"这一概念及其运作模式引入日本。她作为日本时装经济领域的先驱者，也一直在为业界培养人才。

20世纪80年代，尾原女士主办了"旭化成 FIT 时装经济研讨会"。优衣库的创始人柳井正恰好也出席了这场研讨会，这极大影响了他后来对优衣库的创建与经营。据说，柳井认为尾原女士是自己"最为尊敬的女性"。

尾原女士指出，大量废弃问题的背后，隐藏着日本服装产业结构复杂、变革迟缓的弊病。

她说："自明治时代起，日本就将发展纺织业定为国策，因此服装行业仍然保留着二战之前建立的商业模式。许多贸易公司与批发商介入到设计服装的企业与实际生产服装的工厂之间，整个生产周期十分漫长，因此很少有人能把握服装产业的全貌。此外，汇票的使用与降价销售等古旧商业模式根深蒂固，想要变革，却又让人无从下手。因此我们始终被排斥在全球物联网的浪潮之外。"

尽管如此，服装业在上世纪80年代前依然保持着增长的势头。即使在70年代的石油危机期间，服装行业仍然保持了两位数的增长。而支持这种成长的，正是由于经济高速成长而逐渐摆脱贫困生活的消费者。尾原女士认为，这种增长的根源在于"虚荣心"。

"在日本人逐渐富裕起来的时代里，哪怕住在狭小的木制公寓里——当时它们还有着'文艺住宅'这一美称——人们也乐意拿出相当一部分的金钱消费在服装上。我将这种行为称作'虚荣心消费'。……百货商场与各大服装企业合作，推进服装经济高速发展的上世纪七八十年代，从某种意义上讲同时也是服装行业'失落的20年'。当时大多数公司重视的是与拉夫·劳伦那样的海外品牌签订合同，支付高额商标使用费，以此将大牌 logo 印在自家生产的服装上，因为人们就喜欢购买这样的商品。那个时代过去后，尽管销售额上去了，公司的创造力与设计师却没能得到锻炼和成长。真正的'品牌'

价值未能得到提升，经济的繁荣最终只是流于表面。"

未能察觉到消费者变化的服装企业

当时正处于时尚行业核心领域的尾原女士坦率地表达了自己的看法："我始终都很懊悔，因为我自己或许也助长了这股风气。"

然而进入本世纪后，人们的价值观发生了巨大的转变。2001 年美国发生了一系列恐怖袭击事件，2008 年爆发了次贷危机，2011 年日本发生了 3·11 大地震。无论在日本还是全世界，社会不平等问题愈发严重，人们开始对"大量拥有物品"的价值观产生怀疑。炫耀名牌提包的人越来越少，也就是说不再以"他人的目光"来评价自己，肯定自我价值的人越来越多。举例来说，即使只是生产一件 T 恤，其背后也存在对水资源的大量消耗和对环境的破坏；而在廉价服装生产的背后，还有薪资更加低廉的工人在被迫劳作——人们已经愈发意识到这方面的问题。尾原女士将这种变化称作"消费者的成熟"和"不囿于个人欲望、与社会及自然环境共生意识的觉醒"。

然而服装企业对消费者观念变化的反应却殊为迟钝。身为杰出女性领导者的尾原女士认为，造成这种现象的原因之一，是男性管理者因循守旧，依然在用老旧过时的观念进行决策。

"女人往往不只关注数字，在觉得'这样做会比较好'时，她们也会凭借自己的直觉行事。尽管因此能够挖掘出消费者的需求，但她们的建议却很少被上层采纳。男人注重的是数字和过往的业绩，强调的是一个产品是否拥有知名度，是否受到其他公司的关注。百货商店里总是摆放着一些听都没听过的外国品牌，可是在那里工作的店员们却往往连商家和产品的卖点都讲不清楚。"估计连它们的生产商也不敢保证"这是只有我们家能做出来的服装"。

技术创新也过于滞后。在全球数字化技术瞬息万变的时代，日本的部分批发商和生产车间却仍然在以电话或传真作为主要通讯方式。

这样的生存之道，如何能应对日新月异的世界？

为了应对危机，尾原女士萌生了在服装生产车间培养女性管理者的想法。于是她于 2014 年创办了时装产业的女性扶助协会 "Women's Empowerment in Fashion"。2016 年，她撰写并出版了《Fashion Business 创造未来》（织研报社出版）一书，旨在提升时装产业的未来愿景。

"世界对日本，尤其是日本人的生活状态依然保持着高度的关注。优衣库之所以能被世界所接受，也是因为人们相信'日本的消费者重视商品质量和性价比，日本人会买的一定是好东西'。

"想要解决大量废弃问题，光是回收再利用还远远不够，我们需要建立尽可能从源头上避免生产过剩的制度。发展中国家的劳动环境问题也是如此。创造出一个兼顾工厂的劳动者、全球环境，乃至商业伦理，多方共赢的架构并非不可能。我想日本的服装企业是时候认真思考该如何实现这一目标了。

"日本人自古以来就有着'勤俭节约'的传统美德。我认为我们应该重拾这种刻在 DNA 里的观念，在服装与生活资料可持续利用的领域中引领世界。"

有人指出，不仅是服装行业，日本的大型企业同样变革缓慢，业绩低迷不振。还有人指出，之所以会这样，是因为这些企业缺乏多样性，缺乏不同观点相互碰撞、相互刺激的机会，因此无法在公司内部催生出变革。早在《男女就业机会平等法》等法律出现之前，尾原女士就一边在知名大企业工作，一边养育了两个孩子。这番话从她口中讲来，也确实颇具说服力。

无人知晓的成本

2019 年 2 月，某位人士提出了服装行业库存过剩的问题，一时之间掀起千层浪。这个人便是经营日本最大时装购物网站 "ZOZOTOWN"

（简称"ZOZO"）的总经理前泽友作。当时他在推特上发送了这样几条推文：

> 我父亲过去常说，不要积压库存。（2月5日）

> 如今的服装业界存在着库存过剩、过度打折、废弃损失等问题。我希望通过人工智能来预测市场的需求量，优化物流，动态定价，导入超短期供货的按需随选生产系统，实现1亿人口商品定制化，并加强资源循环再利用机制，稳步解决这些问题。（2月6日）

得益于能在同一网站上订购各个品牌服装的便利性，ZOZO的营业额不断增长。据称已经有7 000个品牌入驻ZOZO，全年购物人数超过700万人次。截至2018年3月，ZOZO的商品交易总额已经达到2 629亿日元。

然而ZOZO在2018年年底推出的一项新型服务"ZOZOARIGATO会员制"却引发了争议，导致部分公司退出平台。新服务的内容是，用户只需每月支付500日元的会员费，就能长期以九折优惠购买商品（部分商品除外）。对于厂家来说，如果长期打折，公司的商品今后就很难以原价销售出去了。因此诸如恩瓦德（ONWARD HOLDINGS）与珠宝行业巨头4℃（YONDOSHI HOLDINGS）等品牌纷纷停止在ZOZO上销售自家产品。而ZOZO大张旗鼓推出的，以"ZOZOSUIT"塑身衣为主打产品的自有品牌同样经营不顺。公司因此大幅下调了2019年3月的销售预期，这一状况也影响到了公司的股价。

而上述推文就是在这一连串风波中登上新闻，并被称为"ZOZO撤离事件"时所发出的。在这一连串的推文中，前泽总经理还向网友们发问：

各位朋友知道吗？在店里能卖到 1 万日元上下的服装，其成本大约只有 2 000 至 3 000 日元。

这句话几乎等于指责服装行业的从业者们在以不正当的手段牟取暴利，因此又在网上引发了巨大反响。最终前泽总经理迫于压力删掉了这条推文，后来他又表示自己将"退出推特，专心从事本职工作"。

前泽总经理因与艺人交往、绕月旅行[①]等事件而广为人知。无论在推特还是媒体上，他的言行都吸引了不少眼球，也给公司起到了宣传作用。而他作为一名艺术品收藏者，同样颇有名气。2017 年，他以 123 亿日元的高价拍下美国画家让-米歇尔·巴斯奎特（Jean-Michel Basquiat）的画作。2019 年年初，他宣布在转发特定推文的关注者中抽出 100 人，向每位中奖者送出 100 万日元，导致那条推文的转发数量刷新了当时的世界纪录。

而我恰巧就这次"抽奖事件"对他进行过采访，并在后续的报道中记录了他对此事的反应。除了指责他的抽奖活动"低俗""花钱买粉"之外，还有不少网友对 ZOZO 的工厂劳动环境提出批评。他们指出，像 ZOZO 这样的大型电商需要大量工人完成仓库管理和商品配送等工作，然而这些工人却仅仅是临时雇员。与其拿这 1 亿日元"挥霍"在抽奖上，倒不如先用来改善自家劳工的待遇。

前泽总经理可谓是商界的"异端分子"。对于一些行业上的禁忌，如库存过剩、商品废弃等现象他都能坦然面对。尽管部分品牌已经从该平台上撤离，但我认为，在服装行业拥有广泛影响力并不断创新的 ZOZO 如果能够认真对待这些问题，一定可以找到解决服装大量废弃销毁问题的办法。

---

① 2018 年 9 月 18 日，Space X（太空探索技术公司）公布前泽友作作为首位绕月旅行的私人乘客。

然而迄今为止，前泽总经理发表的内容都带有浓重的炒作色彩，因此很难确定他的言论究竟有几分真心。不仅如此，如果企业要深入解决大量废弃问题，公司的利益要如何分配？不仅如此，大量废弃问题与环境、劳动问题密切相关，单只关注其中一个，都无法解决整体问题。

自创办 ZOZOTOWN 以来，前泽总经理在短短十几年里就将公司发展到这么大的规模，说明他无疑是一个嗅觉灵敏、管理有方，同时也极其了解消费者心理的商业奇才。正因如此，ZOZO 今后的发展方向，或许就取决于我们的需求了。

第二章 服装"生产车间"残酷物语

1 一切始于博柏利①

文：藤田皋月

博柏利被焚毁产品市值 41 亿日元，H&M 年销毁 12 吨

2018 年 7 月下旬，在日本也大受欢迎的英国奢侈品品牌博柏利焚毁大量滞销服装和香水的新闻传遍了全球。

短短半个月前，仲村记者和我（藤田）才刚刚在报纸上发表过题为《每年有 10 亿件全新服装遭到丢弃》的报道。

在博柏利刚刚发布不久的年度报告中，有"2017 年焚毁处理的滞销品价值合计 2 860 万英镑（约合 41 亿 8 千万日元）"的内容。在长达 200 页的报告中，商品废弃处理相关内容只有寥寥数处。然而英国媒体还是揪出这一点进行了报道。

据英国广播公司（BBC）报道，博柏利此次焚毁的目的是"维护品牌价值"。在过去 5 年中，博柏利被焚毁的产品市值约 130 亿日元。这一信息随后被国内外多家媒体报道，并引发了激烈的讨论。

提到滞销服装的大量废弃，2017 年秋，丹麦一家电视台也曾报道过一则基于调查报告的新闻。该报道称，源自瑞典的时装巨头 H&M，每年都要在丹麦的一家焚化厂处理 12 吨崭新的服装。

这则报道曾在北欧轰动一时，但 H&M 解释说，这些产品生了霉菌，存在健康安全问题（报道该事件的电视台声称对这些废弃服装进行了检查，但并没有发现细菌超标现象）。而在之前，我从未听说过哪家公司会像博柏利这样公开承认自己废弃了滞销商品。

因此在得知关于博柏利的新闻后，我更加确信了自己的想法，大量销毁滞销服装并非个别问题，而是遍布全球的服装行业的产业结构与消费模式的双重问题。我们在关于日本服装行业的那篇报道中所做出的假设是正确的。这两篇报道几乎出现在同一时期，说明世界各地对这一问题的认识都在不断提高。

自相矛盾的解释

然而令我感到惊讶的是博柏利对那篇报道的回应声明。

"考虑到环保问题，我们对焚烧后产生的能源进行了再利用。"

"如有必要，我们会负责任地将商品处理掉。"

大量焚毁新衣服，再用焚烧产生的热能发电，就算"环保"了吗？"负责任地将商品处理掉"又算什么？大批量生产商品导致其难以售出，最终再进行销毁的行为难道是负责任的行为吗？

如果博柏利认为社会能够接受这种自相矛盾的解释，那不得不说，它完全没有意识到如今的跨国公司所应承担的社会责任。

随后博柏利遭到了铺天盖地的批评，导致在 9 月初，距此前那篇声明发表还不到一个月，博柏利宣布今后将不再对商品进行焚毁处理，而将普遍改用回收、修理及捐赠等方式来处理商品。除此之外，博柏利还决定在生产过程中开发以皮革边角料作为原料的产品与可持续利用的新型材料，同时停止使用受到动物权益组织抗议的皮草材料。

博柏利的首席执行官马可·戈贝蒂在公开信中表示："现代奢侈

---

① 由托马斯·博柏利（Thomas Burberry）于 1856 年创立的英国奢侈品品牌。

品意味着要对社会与环境负责。这一理念既是博柏利的核心，也是我们长期成功的关键。"

在焚毁事件被曝光，公司遭到公众猛烈批评之后，博柏利迅速展开了行动。滞销服装被销毁并废弃的消息成为全球新闻，这一系列事件或许能将我们引导向正确的方向。

多年以来，皮草材料的使用始终广受争议。古驰、阿玛尼等许多知名品牌如今都已经宣布拒绝使用皮草材料。我也希望以博柏利事件为契机，世界各大品牌和服装企业都能够停止废弃滞销商品，并反思这种严重依赖大量库存的商业模式。

生产车间的艰苦现状

柯尔斯顿·布罗德隶属于环境保护团体绿色和平组织，曾发起关注"服装生产对环境所带来的影响"为主要内容的"为时尚去毒"（Detox My Fashion）项目。博柏利焚毁产品行为遭到曝光后，他在推特上批评这种行为，说道："与高昂的商品价格相反，博柏利对自家产品及产品背后的辛勤劳动与自然资源却毫无尊重之意。"

正如时装顾问小岛健辅先生与"Women's Empowerment in Fashion"协会会长尾原蓉子女士在上一章中所指出的那样，服装遭到大量废弃的背后，是发达国家大量消费廉价服装的现状，以及为支撑这种现状而在生产车间所进行的艰苦劳动。

在下一章里，我将通过对生产车间的报道来探访服装行业的用工问题。

2　在服装生产车间工作的技能培训工们

文：藤田皋月

在尾州产地

横跨爱知县与岐阜县的名岐地区一带，是日本国内最具代表性的服装产地之一。

这一带也被称作"尾州产地"，自古以来就广泛栽种棉花。到了近代之后，这里逐渐成为了毛织品的主要产地之一。二战后，当地不断接到服装企业的订单，因此以裁剪、缝纫为主的服装加工行业便飞速发展了起来。

然而在泡沫经济崩溃后，服装企业开始将生产中心转移至海外，寻求更加低廉的劳动力。进入 21 世纪后，GAP、ZARA 等快消时尚品牌受到追捧，为了持续向发达国家供应廉价服装，厂商不断转移生产基地到人力成本更加低廉的国家，先是中国，随后是越南，最后是孟加拉国。

想要把握住服装遭到大量废弃的整体状况，就必须深入到生产车间内部进行采访。我们推测，为生产廉价服装而削减成本，必然会波及影响到服装工人。

正当我们犹豫要将中国还是孟加拉国选作目的地时，一位比我更早入行，曾对日本技能培训工制度进行过报道的记者告诉我："有许多技能培训工在国内的服装工厂工作，他们在工作期间出现各种问题，有的甚至闹到了法院。"

近年来，大量来自中国与东南亚的技能培训工来到日本，主要负责在生产车间进行工作。我查了查资料，发现名岐地区同样有许多技能培训工。在海外商品价格的冲击下，这里的制衣厂纷纷倒闭，剩下的一些小厂基本都在靠技能培训工支撑存活。

如果问题发生在一个遥远的发展中国家，我们或许尚可视而不见，充耳不闻。然而没想到就在国内离我们不远的城市里，竟然也有人为了给我们生产服装，被迫进行着艰苦的劳动……

"向厂长哭诉买不起吃的"

2018年3月，在爱知县电车站的一家咖啡馆里，我（藤田）与两名来自越南的女性技能培训工见面。她们用生硬的日语奋力地向我讲述来到日本后的艰辛历程。

安女士（化名）出生于胡志明市，受访时32岁。她于2015年秋来到日本，接受我们的采访时，正在爱知县的一家纺织厂工作。

她说自己早在越南时，就在电视节目里见过京都的景色，并对日本产生了憧憬，从小的梦想就是以后能来日本工作。

近年来，由于以技能培训工的身份远赴日本打工的越南人迅速增加，在越南的各大城市里也多了不少中介机构，负责人大都是日本人。安女士当时所联络的中介机构也是如此。她把负责人的名片递给我看，只见上面印着一个日本男人的名字"SUZUKI"（铃木）。

当时，这位铃木对安女士说："你需要准备7 500美元（约90万日元）。"即使在日本，这个价格也不低了。对方表示这笔钱包括交通费、日语学习费，还有"保证金"。

所谓的"保证金"，就是为了防止她们在工作期间一走了之，能毫无怨言地留在厂内工作，在她们去往日本之前就要收取的押金。大多数中介都要收几十万日元的押金。工作期满后，这笔钱会退给她们，但如果在工作期间走人，这笔钱就会被扣除。初次听说这件事时，我简直不敢相信自己的耳朵——这种剥夺人身自由的行为，和人口贩卖又有什么区别？尽管向技能培训工收取押金是被日本政府所禁止的行为，然而现实中这一情况依然是业界常态。

安女士被收取的费用在越南当地算是市场价。她说她掏空家中的积蓄，又向银行贷来一部分钱，才凑足了这笔费用。因为她觉得"日本工资水平那么高，很快就可以赚回来"。然而在日本的实习生活却完全出乎她的想象。

最开始，安女士被安排到一家小型制衣厂工作，除了日本厂长外，工作主要由8名来自越南和中国的培训工负责。据说是岐阜一个接收技能培训工的派遣机构介绍她们来这里的。

在车间里，安女士要做的就是用缝纫机缝制连衣裙、夹克、T恤、裙子等女装。名义上的工作时间是早八晚五，中午休息一小时，下午3点休息30分钟。长时间坐在工位上从事精细工作，让安女士每晚腰酸头痛，疲惫难耐。而且在实际工作时，总经理还经常催促她，说"明天就要交货了，加个班吧"这样的话。因此她几乎每晚都要加班，只有6点过后才能有30分钟的时间用来吃饭。

安女士在笔记本上记录了自己每天的工作时间。看过之后，我发现她的下班时间大部分在7:45到22:30之间。至于休息日，平均一个月只有两三天。除此之外，工资也经常被拖延。

"9月：6万、4万；10月：8万；11月：11万；2月：10万……"看到笔记本另一页上记录的工资数额后，我更加惊讶。

安女士告诉我，自己9月来到日本。在最初的培训期间，工资由派遣机构支付。正式进入工作后，制衣厂从10月开始支付工资。第一个月8万日元，第二个月11万日元，但后面连续两个月没有支付工资，到了2月才终于又支付给她10万日元。

几乎每天都要工作15个小时，工资却只有这么一点点，换算成时薪还不到240日元。即使是发工资的那几个月，金额也少得可怜。她们与制衣厂签订的合同当中明确规定有"薪资不低于当地最低标准"的条款，却完全没有兑现。

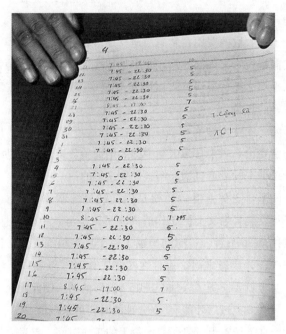

图1 安女士的笔记本

　　制衣厂不提供餐饭，因此像安女士这样的技能培训工只能在周末买齐一周的食材，自己做饭做菜。公司只提供给她们一点大米，没过多久，她们的生活费就不够用了。

　　"我去向厂长哭诉自己连吃的都买不起了，他才终于付了我10万日元的工资。"

　　来到日本之前，安女士在国内的银行贷了款。为了还贷，她和母亲说好每月都往家里寄钱，然而这样的状况却使她力不从心。

　　"我和母亲说自己拿不到工钱，她根本不相信，我心里真不是滋味。"回忆起那时所发生的事，安女士不禁潸然泪下。我望着她，心里也是一阵难过。

　　工作了差不多两年后，安女士所在的那家制衣厂倒闭了。

不供电的移动板房

在安女士来到日本的第二年，周女士（化名）也来到了日本。23岁的她同样出生于胡志明市。

"在越南工作赚不了几个钱。我还年轻，想来日本锻炼自己，我想学习日本的技术，回越南后自己开家公司。"

周女士在说话时显得十分活泼，但与安女士一样，她也被迫参加了严苛的"技能培训"。她被连续派遣到两家工厂工作，然而它们却接连破产。接受采访的时候，她正在第三家工厂里工作。

在日本技能培训制度涉及的行业当中，存在着部级部门的政令规定，例如，不允许培训工"从事单一压熨工作"。因为从"学习技术"的角度上来说，不能让培训工只做那些没有职业技术也能够从事的简单劳动。然而周女士过去所在的两家工厂都是压熨厂。她的工作就是将服装熨平后，打包发往全国各地。周女士不懂日本的劳动制度，也没有人告诉过她。她在这两家压熨厂里总共工作了1年3个月。

在她工作差不多1年后，第一家压熨厂倒闭了，每个月7万日元的工资也没有支付（而且工厂还向她们收取高额的住宿费和水电费，算上加班费，每月她们只能拿到5万日元左右）。第二家工厂不仅没有付给她一分钱工资，给她们安排的住处还是不通水电、下雨时漏水严重的移动板房。3个月后厂长失踪，工厂也倒闭了。派遣机构建议周女士回国。

"但是那时我的留日签证到期时间还很长（当时技能培训工的签证期限是3年，自2017年11月起，最长留日签证期限延长到了5年），欠款也还有不少，要是不继续留在日本工作就还不起，当时真的是进退两难。"周女士说道。

安女士和周女士在2017年秋，向为技能培训工提供援助服务的

"爱知县劳动联合总会"（简称"爱劳联"）进行求助。在爱劳联、移民管理局与劳动标准监督局的共同介入下，两人终于转入其他工厂，工作条件与工作内容相比过去也改善了不少。

"但是签证到期所剩的时间已经不多，以现在的工资水平干下去的话，连出国之前的欠款都还不清，一想起来就是忧心忡忡。"说到这里，安女士再次流下了泪水。

之前倒闭的工厂所欠下的工资依然没有支付。跟我提起这件事时，安女士的签证到期时间已经只剩下几个月。

2018 年 7 月，在关于安女士的报道刊登之前，我向爱劳联咨询了她的近况。

"前些阵子她累倒了，就回越南去了。我们向政府提出了补发欠薪的申请，希望工资发下来后能以某种方式帮她寄回越南。"

在爱劳联负责援助工作的榑松佐一先生告诉我，他后来始终没能联络到安女士本人。

当我采访安女士时，她所说过的一句话令我久久无法忘怀："日本人和越南人中都是既有好人，也有坏人。尽管在日本的遭遇令人难过，但我不会记恨日本。"

在离开咖啡馆前，我想替安女士付钱，但她以自己同样喝了咖啡为由拒绝了我的好意。我们后来在名古屋市内又一次见面时，她还给我带了越南的点心和咖啡做伴手礼。我不禁义愤填膺——如此规矩善良、怀着美好愿望来到日本的她，凭什么要遭受这种蛮横无理的对待？

将过错归结于雇主就够了吗？

技能培训工制度始于 1993 年，其最初目的是"向发展中国家输出技能"。然而却有人指出，此举的真正目的只不过是"获取廉价劳动力"而已。

"据说这一制度源于对岐阜制衣厂的救助措施。"爱劳联的榑松先生向我透露。

在日本的服装产业中，一般是由服装企业和贸易公司进行策划、服装设计，并向外包工厂下发订单。而外包工厂的车间又将整个工作过程细分为裁剪、缝纫、打孔、压烫、质检等多个工序。每道工序都由多个家庭式的小工厂或小作坊负责完成。

据榑松先生介绍，技能培训工制度的推出，本是为了在服装企业陆续将生产基地转移至海外的背景下，帮助这些小工厂和小作坊生存下去，并且以"培训"的名义获得国外的廉价劳动力。像安女士那样的技能培训工所被派遣的工作地点大多数都是小工厂。可以说推出这项制度的本意就是为了帮助这些工厂存活。然而像这样的工厂，很难相信它们会把技术传授给海外培训工，并保障他们的日常生活。想要确保制度中"向培训工传授技术"的目的顺利落实，最起码也要将培训工分配到经营、管理稳定的工厂，并建立透明化的监督制度，保障他们的劳动环境。

据法务省统计，截至 2018 年 6 月，暂居日本的技能培训工约有286 000 人，且呈逐年上升趋势。其中爱知县的人数最多，岐阜县也高居第 6 位。这些技能培训工里原本是中国人居多，但从 2016 年起，来自越南的人数超过了中国，而来自孟加拉国、缅甸等国的人数也在快速增长，这是因为中国劳动力价格正在不断上涨。

然而正如安女士与周女士的遭遇所表明，技能培训工制度的背后存在着严重的弊病和违法行为。在约有 26 000 名技能培训工的服装加工行业，这样的问题尤为显著。

根据经济产业省下属委员会于 2018 年 6 月发布的报告，在 2017年被移民管理局认定"存在违法行为"的 183 家企业中，纺织企业占94 家，它们几乎全都是制衣厂。主要违法行为是没有履行最低工资标准、拖欠工资和非法加班。

表 1　接收技能培训工，被法务省移民管理局认定
"存在违法行为"的企业数量

纺织、服装类企业超过半数

	2015 年	2016 年	2017 年
纺织、服装类	94	61	94
农业、渔业类	67	67	39
食品生产类	19	13	15
建筑建造类	20	38	14
机械、五金类	10	14	9
其他	28	9	12
总计	238	202	183

数据来源：法务省

报告指出，在纺织企业工作的技能培训工有 80％集中在制衣厂。存在于制衣业的结构性问题是由各种复杂原因混合而成的，其分析如下：

> 由于被迫接受上游企业所开出的条件，以利用低薪技能培训工为前提或是在不了解合理价格的前提下接受低价订单等原因，制衣厂等接单企业的员工待遇低下，无法保障技能培训工甚至日本雇员的工资水平和工作条件。（中略）问题不止限于技能培训工制度本身，更深层的问题在于业界惯习，有必要对行业的订单价格进行规范。

正如报告所指出，技能培训工的工作条件之所以极其恶劣，并不是单纯由于他们的雇主制衣厂"丧尽天良"，问题也不仅仅是"强迫工人进行低薪长时间劳作，榨取他们的血汗"这么简单。

爱劳联的槫松先生向我展示了 2017 年开展的"纺织业外包现状调查"的报告。调查结果显示，约有 65％的制衣工人在被问到"最低工资标准提高后，你们的工资是否有所上涨？"时表示了否定。而这个数字在岐阜县则接近 70％。其中最为引人注目的原因是"一旦要求涨薪，很有可能会被开除"。

"为何工厂主要违反最低工资标准，克扣技能培训工呢？因为服装企业将外包费用压到低得不能再低，制衣厂却又不得不接受它们开出的价格。"槫松先生告诉我，"光是技能培训工的故事，还不足以准确反映出存在于服装生产车间的问题。我觉得你还得去雇用他们的工厂采访一下。"

绝对的弱者

在槫松先生的建议下，我在那岐地区找到了一家愿意以匿名方式接受采访的制衣厂。2018 年 4 月底，我与摄像师共同来到这家工厂进行采访。

打开这间约 40 平方米的单层小型厂房的拉门时，伴随着开小音量的收音机的背景音，我们听到了断断续续的"咔哒咔哒……"声。那是好几台缝纫机共同发出来的。

只见几名来自中国的女性技能培训工，正一边看着贴在纸型上的说明书，一边默默地进行着男裤的缝纫工作。按照这个进度，她们每人每天大概能完成四五条裤子。据说制衣厂支付给她们的工资，只有这些商品零售价的 5％左右。

前年，这家工厂因没有执行最低工资标准而被举报到劳动标准监督局。当时它付给技能培训工的工资换算成时薪约为 400 日元。到了生产旺季，每个月的加班超过 200 小时，然而加班费换算成时薪也只有 700 日元上下。

"随着服装价格下降，服装企业给我们的报价也越来越低。为了维持生产，只能用比最低工资标准更低的价格雇用技能培训工。以这样的价格，是雇不到日本人的。"开工厂的男子向我们吐露了实情。

这间工厂创建于半个世纪之前，而这名男子是工厂的第三任厂长。在他父亲担任厂长时，这里雇了大约 50 个日本人，使用机器批量生产男式长裤。据说当时附近还有 20 多家类似的小型工厂。它们作为当地特色产业的一部分，当时发展势头都很不错。

然而泡沫经济崩溃后，服装企业不断将订单转移至中国，它们得到的订单也急剧减少。

"过去用流水线单独生产西裤，效率很高，收益也很好。但这种服装生产方式简单，与日本相比，那些大批量生产服装的海外工厂的工件费要便宜许多。"

男子表示在国内，还有一些工厂在生产工序复杂的小批量产品，但服装企业同样也在逐渐压低对它们的报价。

"要是你表示工件费太低，不能接受，企业就会立刻去找其他工厂下单。这一带的制衣厂都是家族式经营的小厂，与下单的企业相比，它们是绝对的弱者。想要接到订单就别无选择，只能接受企业提出的低廉价格和紧张工期。而自己的工厂为了生存下去，不得不拼命与同行竞争，压低工人的工资。"

这样一来，同行们的工厂纷纷倒闭。当地的工厂如今已经寥寥无几，这名男子的工厂也被迫进行了大幅裁员。

"你不是行家吗？有什么不行的？"

在这种情况下，工厂开始雇用技能培训工。

尽管工资低于时薪 800 日元的最低标准，但依然高于他们在自己国家工作所能获得的工资。此外，在这些来自中国的培训工们与中介所签的合同里，也事先写明了来到日本后的工资会低于最低工资标准的条款。由于工资低廉，想要多赚钱就只能加班，技能培训工们往往会工作到深夜一两点钟。为了赶在工期内完成任务，有时甚至还得通宵。

"她们在日本的暂居时间只有三年。为了能在日本多赚些钱，技能培训工都希望能延长工时。其实每天要工作到几点，都是由她们自己决定的。但反过来说，正因为价格便宜又好用，我们也是被这些劳工给惯坏了。"

男子说，过去他总是担心自己的行为被劳动标准监督局发现，因此想要向劳工支付数额合法的工资。有一次，他向下单的企业表示要提高工件费，对方却质问他："凭什么就你一个人开出这么高的价格？其他工厂都是按照我们的报价和工期来做的。你不是行家吗？有什么不行的？"

后来，劳动标准监督局对他的工厂进行了调查。据说是名岐地区为中国人提供援助的劳工组织在接到技能培训工的投诉后进行了检举，最终揭露了工厂的违法行为。

快消时尚改变了时代

该男子对技能培训制度也抱有怀疑的态度。他说："如果要招收技能培训工，工厂就必须向派遣机构缴纳会费，以及供劳工参加技能考试的费用和签证费用。而这些费用加起来，会比雇佣一个日本人所花的钱还多。然而受到暂居年数的限制，这些来到日本的劳工有的说不好日语，有的甚至不具备最基本的工作技能。老实说，我甚至提不起培训他们的劲头。如果能将外国人承认为正式劳工，签订个人合同，培训技能并留他们在日本长期工作，我就能依照工人的水平来提高薪水了。"

男子表示为了重振事业，如今他正在从源头上反思自己过去的工作方法。他说，自己现在已经将技能培训工的工资与工作时间调整到了合法范围以内，同时修改公司制度，不再要求工人长时间连续工作，而是允许他们在工作中适当聊天与休息，其目的是提高工人的工作效率。

在工件费方面，他尽量去接那些数量较少、工序较为复杂但工件费较高的订单。父亲担任厂长时，西装长裤的工件费约为1 000日元，后来小批量生产的休闲裤的工件费约为1 500日元。而最近他都是尽量承接工件费3 000日元左右的订单。

只有一些日本设计师和高级时装品牌才肯支付这样的价格。有些服装的工件费甚至能够达到2 800至3 500日元。尽管生产这些服装需要花费大量的时间与精力，但由于单价较高，因此也更为划算。

"这样的服装即使标注高价，认可其质量的人也愿意购买。'国产货'同样是它的卖点之一。我希望能借此机会重振当地工厂，淘汰掉业界的不良行为。"

我还向男子请教了对服装价格走低问题的看法。他说："我认为伴随着快消时尚出现，时代已经发生了彻底的改变。过去即使服装价格高昂，人们也会觉得理所应当。只要质量好，就不怕卖不出去。然而现在，价格低廉成为了首要前提，不够便宜的商品根本卖不出去。那么企业对工厂的报价自然也是能压多低就压到多低了。"

男子表示，那些服装企业的代表很少会到工厂这边来，但他自己在几年前曾经去甲方的公司进行过参观。那里的办公室宽敞舒适，店铺也布置得美轮美奂。当时他简直怀疑自己的眼睛，并不禁感慨，我们干的真的是同一行？

"不知道那些服装企业的人是故意不肯参观生产车间，还是单纯对此不屑一顾。然而我希望无论企业还是消费者都能好好想想，生产服装究竟需要耗费多少成本，而在服装不断降价的现状背后，又是什么人躲在角落里哭泣。"他说。

是"活生生的人"，还是"劳动力"？

2017年前后，技能培训工劳动环境恶劣的问题通过各家媒体的广泛报道浮出了水面。国家对此十分重视，并于同年 11 月颁布了《技能培训公正化法案》，同时成立了"外国人技能培训机关"，负责对雇佣技能培训工的企业进行监督，一旦发现有违规行为的公司，将取消其培养技能培训工的资格，或禁止其继续招收技能培训工。但与此同时，为了解决日益严重的人才匮乏问题，自 2019 年 4 月起，日本还推出了名为"特定技能"的新型暂住签证。这一政策可以帮助完成技能培训的外国人延长暂住签证时间，预计有一半的技能培训工能够达到这一标准。然而即使在最多能延长到 10 年的签证期内，他们也基本没有将家属移居至日本的可能。因此延长的暂住签证也不过是一个存在时限的"雇佣调节阀"罢了。

在了解到服装行业的外国劳工，以及处于产业链末端的制衣厂工人所遭受的不平等待遇后，我们感受到了他们所遭遇到的冷眼。他们仅仅被视作"劳动力"，却从未被当作是"同样有着生活与未来的一个活生生的人"。

不过这种结构的产生，并不只是日本的制度或服装行业商业惯习的过错。正如制衣厂的那位厂长所说，"在服装不断降价的现状背后，有人正躲在角落里哭泣"。可以说，享受着廉价服装的消费者们，同样也在利用这种架构获取便利。

或许，我们每一个消费者都有必要注意到这种现状。

3 "世界服装工厂"的劳动环境

文：仲村和代

孟加拉国，经济成长的光与影

正如藤田记者在上一节中所写，由于服装价格不断走低，日本国内的工厂无法继续经营，生产基地也被转移到了海外。然而，尽管发展中国家的生活成本低于日本，但不代表那里的劳动者们就乐于接受低廉的工资。能够象征此事的，便是序章中介绍过的孟加拉国制衣厂倒塌事故了。八层高的建筑拉纳广场的倒塌，导致了上千人遇难。

"对一些熟悉当地情况的人来说，听到拉纳广场的事故后，他们的第一反应不是'居然会这样'，而是'早知会如此。'"从事公平贸易①产品经营的公司 People Tree 的发言人铃木启美女士如此说道。People Tree 是一个专门从事公平贸易活动的品牌，与孟加拉国等许多发展中国家的公平贸易组织都有联系。

为什么那些人的反应会是"早知会如此"呢？

1971 年，孟加拉国从巴基斯坦中独立出来，当时的国内人口约为 1.6 亿。据世界银行 2016 年的统计，孟加拉国的贫困人口约占总人口的 15％，他们每天的生活费用平均不足 1.9 美元。

孟加拉国的制衣业于 20 世纪 80 年代开始迅速发展，是孟加拉国的支柱产业之一。由于承接了世界各大服装企业的生产订单，孟加拉国又被称作"世界服装工厂"。这里的服装出口比率约占总产量的80％，出口利润是近年来经济快速增长的巨大动力。

然而从很早以前就有人指出，孟加拉国的劳动环境存在着巨大问题。

"上千人在拉纳广场的事故中死亡，这件事在国际社会上得到了广泛的关注和报道。但事实上，造成数百人死亡的事故在孟加拉国时有发生，甚至在拉纳广场出事以后，当地还发生了一连串的工厂火灾事故。"

拉纳广场原本只打算建到五层，最终却被非法加盖到八层。事故发生前，当地警察就已经指出墙体上出现了裂缝，然而工厂却不顾警

①　公平贸易（fair trade）是一种有组织的社会运动，它提倡一种关于全球劳工、环保及社会政策的公平性标准，其产品从手工艺品到农产品不一而足。

告，继续开工，最终造成了巨大的伤亡。

"制衣女工的时薪仅有几十日元"

"那么，过错在于工厂吗？从现实角度来看，也不能完全这么说。"铃木女士说道。

说到底，孟加拉国的制衣业迅速成长的原因在于其廉价的劳动力，以及国家政策的扶持。"制衣女工的时薪可以被控制到几十日元以下"——工厂甚至会用这样的话语向发达国家的服装企业招徕生意。

对于下单的服装企业来说，工厂随时可以被替换。如果工厂不接受报价，或是无法在工期内完成工作，只需要更换其他工厂就万事大吉了。

"从工厂厂长的角度来看，一旦停工，就无法在工期内完成订单，也无法支付工人的工资。因此发生在拉纳广场事故既可以说是厂长的责任，也可以说并非完全如此。只要发达国家的消费者依然有着'非便宜货不买'或'越快越好'的想法，产业链下游的状况就很难发生改变。"

忽视安全管理的恶果，就是许多人为此而丧命。

但问题还不止如此。

People Tree 的合作伙伴之一塔纳帕拉之燕（Thanapara Swallows）是位于孟加拉国农村的一个生产者团体，据说那里安置着曾经在拉纳广场中工作的女性。

铃木女士说："工厂的确创造了大量就业机会，即使在发达国家的服装企业里，也有人将这件事作为自己的功绩到处宣扬。因为在农村，有些人即使能够保障温饱，可是如果挣不到钱，就无法满足对下一代的教育需求。……然而为了进城去制衣厂工作，妇女就不得不把孩子留在农村，托给亲戚或熟人照顾。她们光是从事低端劳动，无论干上多少年都掌握不了技术，而且一旦加入工会，就会被当作'麻烦'而遭到解雇。因此她们连自身的权益都无法保障。"

女性社会地位低下

长田华子是茨城大学人文社会科学系的副教授。当她在大学期间初次访问孟加拉国的时候，曾借机开展了对当地服装行业以及该行业劳动妇女的调查研究。自 2006 年起，她在达卡大学进行了为期一年的留学。在此期间，她对制衣厂的女工进行了持续的调查，除了达卡市内的制衣厂外，她还走访了工人们的农村老家。她用自己的知识向大众科普了快消时尚工厂的真实状况，并出版了一本名为《价值 990 日元牛仔裤为何会被生产出来？快消时尚工厂里发生了什么》（合同出版社）的书，对当地的情况进行了详细的介绍。

书中提到了那些每天坐在缝纫机前工作十几个小时，月薪却只有四五千日元的女性。她们会选择在如此恶劣的条件下工作的原因，与社会的整体结构息息相关。

直到今天，孟加拉国的女性地位依旧十分低下。尤其是在农村地区，女性都会尽量避免外出，连出门购物也要由丈夫陪同。她们接受教育与工作赚钱的机会全都受到限制，尤其是低收入阶层的女性，甚至连职业也无法自由选择。在 20 世纪 80 年代制衣厂在孟加拉国大规模出现之前，从农村地区来到首都达卡的低收入阶层女性别无选择，只能去有钱人家从事保姆工作。在封闭的空间里，她们饱受欺凌，被迫整日工作，丝毫没有自由时间。

对于这样的女性来说，能到制衣厂工作，的确不失为一种赚取金钱和获得自由的方式。长田副教授表示，制衣厂在帮助女性大规模进入社会方面功不可没，然而工厂同样存在工作时间过长、劳动环境恶劣等问题，有时还会出现性骚扰和暴力事件。妇女们身为劳动者，遭遇到这些状况，却很少能有发声的机会。

在制衣厂工作的女性当中，单身母亲为数不少。但即使忽略单身母亲这一身份，在首都达卡的制衣厂工作的妇女们依然很难拥有一个能让自己放心安置孩子的地方。有人把孩子关在狭小的住处，也有人把孩子交给自己在农村的父母照顾，一年只能见一次面。即使在"拉纳广场事故"发生后，这些妇女的处境仍未得到明显改善。

长田副教授同样对工作在日本和印度等国的女性进行过长期调查，她指出："时装行业的问题在于，它的整个产业架构建立在女性的廉价劳动力上。这一点无论在日本还是海外都相差无几。"即使是在日本国内，制衣行业的支柱也是女人们的劳动。尽管过去的制衣厂接受了产业链上游企业诸多不合理的要求，但如今的工人阶层逐渐老龄化，年轻女性劳动者不断减少。工厂难以应对这个问题，因此也不断走向衰落。

长田副教授表示："除非改变结构，否则这一问题便无法得到解决。作为研究者，我认为首先要做的，就是让这些女性劳动者的真实工作状态变得公开透明。"

孟加拉国的情况，与描述大正时代在纺纱厂恶劣劳动环境下工作的妇女遭遇的《女工哀史》① 中的内容极为相似。而这些成本低廉的商品一旦塞满了我们的衣柜，便会成批遭到废弃。

相信也有许多人会将废弃的服装送往回收站，他们希望能以某种方式重新利用它们，至少不要直接扔掉。然而所谓的回收机制，真的能有效运作吗？

①　由日本文学家细井和喜藏（1897—1925）撰写的报告文学，通过对纺纱厂女工工作与生活的记录，向社会揭露了她们不为人知的严苛劳动环境。

第三章　"回收再利用"能否解决问题？

1　超过承载上限的回收工厂

文：藤田皋月

店铺回收"断舍离"了罪恶感，然而……

"回收旧服装，为它们赋予新生。"

最近，我常常在百货商店或服装连锁店的服装盒上看到这样的标语。这是一种店铺回收旧服装对其进行再利用，或是捐赠出去的活动。

我（藤田）也多次捐过自己的衣物。几年前，我会把自己的旧服装送到瑞典著名快消时尚品牌 H&M 的店里。许多服装店只支持回收自家商品，H&M 却接受所有品牌的服装。带去一袋旧衣服，能在店里换到一张 500 日元的优惠券（这一服务似乎至今依旧存在）。记得有一次我带着满满一袋旧裤子和旧毛衣过去，换来了两张优惠券，不禁喜形于色，还觉得自己很走运。

过去我在垃圾处理日里扔掉旧衣服时，因为觉得浪费，总是不太舍得，有时候还会把它们送到二手服装店去。当时因为带得太多只好打车，然而换来的钱却比我预想中的要少得多，最后连打车钱的窟窿都填不上。后来为了能把旧衣服多卖点钱，我想预先把它们送到洗衣店去洗洗，可是那里的店员干脆告诉我"除非是大品牌，否则非应季的服装和去年的服装都卖不了几个钱的”。当时“煤炉”（Mercari）[1]这款 App 还未出现，我不禁泄了气，感觉自己想把旧衣服拿去换钱的初衷本身或许就有问题……我再次纠结起旧衣服如何处理的问题，后来干脆任由它们堆积在了纸箱和衣柜里。

其实身为消费者，我非常感谢门店的回收活动。这样一来，我就能把衣柜里堆积如山的衣服集中在一起进行“断舍离”了。而且店家宣称会对这些服装进行回收再利用，因此原本萦绕在心中的负罪感也顿时烟消云散。不仅如此，脑海中反而有一种“我是在为社会做贡献”的想法油然而生，心里豁然开朗。不仅衣柜空出来了，还有优惠券可拿，这简直是“一举五得”。于是我当场用优惠券买了些童装之类的产品。直到买完之后我才想到“咦？我不是去处理衣服的吗？最后怎么反而买了几件？无所谓了，反正不亏”，随后便回家去了。

回收再利用后的服装去了哪里？

最近经常能看到百货商店里摆放着一些回收箱，如今店铺回收似乎也成了一种时尚。我想这一定是与我有着同样感受的消费者越来越多的缘故。然而在探访服装大量废弃问题的过程中，我心中冒出了一个疑问，这样做真的能解决问题吗？

如今要解决的，是大量服装遭到废弃，以及在廉价服装大批量生产的同时，许多工人的劳动环境依旧恶劣的问题。

与直接废弃服装再浪费大量资源生产新服装相比，回收再利用确实要好得多。然而一旦“回收再利用”成为抛弃服装的免罪符，消费者们或许会更加轻易地丢弃服装。要是人们去服装店或百货店里处理服装，想到自己的衣柜又腾出位置的话，或许就会打算“顺便再买几件”。而打折券的存在更是助长了这种心态。因此我心里不禁浮现出

---

① 一家向使用者提供网上二手交易服务的手机应用程序，类似国内的“闲鱼”。

这样一个疑问，回收旧服装在某种情形之下，是否也会助长大量消费的风气？

恰好在那个时候，我读到一篇名为《日本废旧纺织业的现状与挑战》的论文，其作者是神户市一家纺织品回收公司的总经理。所谓的"废旧纺织业"是指回收家庭产生的废旧服装与服装生产过程中产生的布片，将其重新生产为工业抹布（用来擦拭油污）和毛毡，或是将其作为制衣布料进行销售的行业。

这篇文章创作于 2002 年，时间略显久远。文中指出："随着人们回收再利用意识的提升，废旧服装的回收量也在不断提高。然而这些废旧服装和再生产品的销路有限，难以消化，这使得市场行情极度低迷，行业本身也濒临灭绝。"

如今，以门店回收为代表的废旧服装回收活动屡见不鲜，然而废旧服装究竟如何得到回收？回收再利用的体系是否能充分运作？再生产品究竟能否找到新的销售渠道？

伴随着诸多疑问，我拜访了这篇论文的作者所经营的纺织品回收企业门仓贸易公司。

主要收入来源是海外二手服装市场

门仓贸易公司的回收工厂位于兵库县西部龙野市，距离山阳新干线上的相生站约十分钟车程的一个工业园区之内，占地约 7 000 平方米。这里会依据种类和用途对废旧服装进行分拣，同时也生产工业抹布。他们用 1 公斤 5 日元左右的价格从政府行政部门手中回收资源垃圾。每天都有两三辆最大承重量为 4 吨的卡车前往兵库县与邻近的冈山县、京都府进行回收工作，平均每天能够收到约 9 吨废旧服装。

大衣、牛仔裤、围巾、袜子、衬衫……在工厂旧衣分拣处的传送带上，大量废旧服装跟随着传送带向前移动。丝袜、男女内衣，不知为何还有小熊维尼的布偶。在传送带两侧，约有 10 名戴着口罩的工人从中陆续捡起服装进行分类装箱。每个员工都负责挑拣固定种类的服装，例如"女式棉质衬衣""男式白色衬衫""POLO衫"等。据说他们从中挑选的都是能够进行再次销售的服装。

"这些服装能够分为100多种，这一步骤的目的是粗略筛掉因污损严重而难以回收的那些货品。"门仓建造总经理告诉我。

工厂的主要收入来源于向海外出口的二手服装。工人从传送带上挑出来的服装能占到总回收量的40%左右。这些服装将销往马来西亚、中国香港、孟加拉国和巴基斯坦等地，远的甚至会销售到非洲的卢旺达和几内亚。这些国家或地区的气温大多高于日本，因此T恤和衬衫都很畅销。但反过来，夹克、大衣之类的外套，以及保暖内衣、羽绒服、毛衣等冬装都不受欢迎，成交价格也比较低。

此外，传送带的旁边还有一个管道，也有不少服装被扔进管道，滑落到下一层楼的篮子里。"那些都是涤纶含量超过50%的服装。"门仓总经理指着篮子里的服装对我说道，里面有100%涤纶面料的金色短裙、优衣库的粉色运动衫，以及居家保暖用的披肩等。它们看上去都挺新的，不像有破损或起球的样子。还有一件棉涤混纺的白色女装外套，看上去很是精美，没有一丝污垢，连标签上的字很清晰。

门仓总经理说："最近像这样的化纤服装越来越多。仔细观察的话，你会发现许多服装都挺新的，而且不脏不破，还能穿好一阵子。或许是因为日本人有了钱，现在服装的更换周期变得越来越短，价格也便宜了许多。换成我们这一代人，衣服的标签褪色后都还要继续穿呢。"

就在我们说话的当间儿，依然有服装源源不绝地掉落到篮子当中。

化纤服装难以回收

门仓总经理带我参观了旧衣分拣处旁边的仓库。这里是存放服装的地方，用于出口的服装被挑拣出来后，剩下的服装都保存在这里。

这些服装每 150 公斤就被打包成一大袋，从地面一直堆到七八米高的天花板。根据材质不同，袋子上分别注有"棉""呢绒""化纤"等字样。"棉"材质的服装主要用于生产工业抹布。"呢绒"是羊毛，会通过名为"返毛"的工序切断，使其恢复到棉绒状态，最后制成汽车内衬材料或施工材料。

"你看看，这里全都是'化纤'对吧。"门仓总经理苦笑起来。确实，一眼就能看出上面标着"化纤"字样的袋子在仓库里占了绝大多数，它们里面装的都是化纤面料占比 50％ 以上的服装。我向门仓总经理问道："这些衣服能用来做什么？"他回答："有时厂家想降低汽车内衬材料的成本，就会需要化纤材料来代替'返毛'过的呢绒。它们都是放在这里备用的，但实际上，它们的需求并不高。由于化纤面料服装迅速增加，仓库里的空间越来越少。然而化纤材料又没有其他用途，因此积攒太多后就只能扔掉。"

据门仓总经理介绍，公司仅次于销售二手服装的第二大业务是销售工业抹布，然而化纤材料却不符合工业抹布的生产条件。因为化纤不像棉花那样吸水吸油，不适合做工业抹布。据说用一种被称作"化学回收"（Chemical Recycle）的手段，能够将化纤转化为分子形态，从而进行回收利用。然而这种方法成本高昂，而且需要特殊设备，对废旧纺织业从业者来说门槛过高。

"近几年来不仅是化纤服装，由尼龙、腈纶等材料混合在一起的复合纤维服装越来越多。各种纤维的组合，为服装赋予了保温、除味、轻便等优异性能。通过这种方式所生产出来的保暖内衣既轻便又保暖。然而由于各种材料的混合，使这些服装变得难以回收。它们不适合做成废品或进行'返毛'，气候温暖的国家又不需要，因此难以出口。最近这种'不可回收品'变得越来越多。花了不少钱收过来，最终却不得不抛弃。"

越来越多的"不可回收品"

不可回收品中固然有污损严重的服装，但其中大部分依然是没有出口需求的合成纤维服装与冬装。门仓总经理表示，仓库外面还有一处专门存放不可回收品的区域，继而带我参观了那个地方。

在那里，我看到大量服装被压缩成块状，它们靠在仓库的墙壁上，堆得像小山一样高。

"这是最近3天的分量，差不多有5吨吧。"

在征得门仓总经理的同意后，我从里面抽出几件服装看了一下。

首先是一条男士保暖内裤，就是所谓的"秋裤"。只见标签上写着"35％涤纶、30％人造丝、30％腈纶、5％氨纶，中国制造"——简直是化纤材料的"群英荟萃"。我不禁肃然起敬，这么多种类的纤维混合在一起，才令服装拥有了如此强大的功效。标签上的文字清晰可见，甚至还没褪色。

"它的主人估计只穿了一个季度。买的时候花了多少钱呢？要是花5 000、10 000日元买到的话，估计也不会这么快就抛弃吧？"

另一件是中国制造的GU牌毛衣，它是由涤纶和腈纶混纺而成。还有一些没拆封的丝袜和崭新的运动袜。

"看来是买的时候便宜，扔的时候也就毫无压力。"门仓总经理说道。他还表示，与5年前相比，这些不可回收品的数量增长了30％。在每天运来的9吨废旧服装里，约有20％，也就是约2吨的服装无法进行回收。

热回收在经济上不划算

那么，要如何处理这些不可回收品呢？

"我们会将它们与塑料之类的物品混合在一起粉碎、压缩，并加工成为一种名为RPF的固体燃料。"

图 2　用废塑料与纺织垃圾生产的 RPF

"RPF 处理"是一种处理塑料垃圾的方法，于 2000 年前后被推广使用。塑料与涤纶等化纤材料的原料都是石油，属易燃品。在国内使用 RPF 的主要是造纸厂和水泥厂。

正如第一章所介绍的那样，近年来这种处理滞销服装的方法愈发普遍。在日本工业领域这种方法被称作"热回收"，并被归类为"回收再利用"的方法之一。然而从法律层面来讲，它却并不属于"回收再利用"的范畴。根据环境省的说法，"RPF 处理"是为了有效利用无法完全回收的废物，作为一项紧急措施而得到批准的。该省的一位相关负责人表示："尽管从二氧化碳排放的角度来讲，RPF 处理会对环境产生负担，但它依然是一种有效利用燃烧过程中所产生热能的方法。将其称为'热回收'或'热能回收'是较为准确的"。这无疑说明，日本的塑料及化学纤维废弃物实在是太多了。顺便一提，"热回收"（Thermal Recycle）一词是日式英语，仅存在于日本，而在国外，这种做法一般被称为"能源回收"（Energy Recycle）。

据门仓总经理介绍，"RPF 处理"的价格也不便宜。门仓贸易需要以每公斤 20 日元的价格请 RPF 公司收走这些无法回收的废旧服装。然而不可回收品的数量逐年增加，处理费也水涨船高，门仓总经理为此很是头疼。

"毕竟我们自己就是做回收的，与其看着不可回收品被白白废弃，我更希望它们能被送去做热回收。然而从经济角度来讲，这样做根本不划算。自己花钱买来的东西还得自己花钱处理，如果不可回收品的数量继续增加下去，我们也会吃不消的。物美价廉的化纤服装穿在身上固然舒适，但我希望消费者们能够了解它们回收的难度，至少不要动不动就丢弃自己的服装。"

大量回收社会

除了涤纶等化纤面料服装越来越多以外，不可回收品数量的增长还存在其他原因，其中之一是废旧服装回收量与日俱增。

"废旧服装的回收量也在逐年增长。如今的回收量与10年前相比增加了10%到20%。这固然说明消费者的回收意识越来越强，但反过来也说明，被他们抛弃的服装也越来越多。"

被抛弃的服装越来越多，可能与近年来服装价格的大幅下降不无关系。价格超过10 000日元的衬衫或休闲裤，很少有人会舍得只穿一季就扔掉。然而要是这件衣服只值1 000日元左右，丢弃时的心理压力就会减少许多。在我身边确实有人表示过："一件980日元的衬衫，光是被墨水弄脏我看就可以扔了，再买一件就行了呗。"

门仓总经理认为，不可回收品越来越多的另一个原因是，对二手服装和回收品的需求即"出路"也比过去窄了不少。

中国曾是二手服装的主要进口国，对冬装的需求也很大。然而随着经济发展，十几年前中国就已经禁止二手服装入境了。如今菲律宾等亚洲国家以及非洲国家也开始对二手服装入境进行限制，据说这些服装的出口如今也是一年难过一年。

除此之外，日本的制造业愈发萧条，对工业抹布的需求也在不断减少。位于爱知县冈崎市的一家大型返毛加工厂也表示"用纯新羊毛（原毛）制成的汽车内衬材料隔音效果更好"。因此由废旧服装所生产的呢绒和涤纶也更加难以销售了。

不可回收品的数量急剧增加的现象，正是上述种种现状造成的。

"为垃圾赋予生命"

在探访门仓贸易之前，我心里有两个问题，分别是"废旧服装的回收体系是否足够完善？"和"废旧服装是否拥有新的出路？"。

然而在现阶段，这两个问题的答案似乎都只能是"NO"。

消费者对废旧服装的回收意识越来越强，导致他们产生了"既然有人回收，扔掉也没关系"的想法，因而能够更加心安理得地抛弃自己的服装。最终连回收工厂都出现了产能过剩的现象，这不得不说是一种讽刺。

目睹了废旧服装回收工厂的现状后，我不禁陷入沉思。回收利用固然重要，但我们首先要做的或许是停下脚步，反思一下自己究竟购买了多少，又抛弃了多少衣服。

采访结束后，门仓总经理还带我参观了工业抹布的生产加工厂。

那里的员工们熟练地取下棉质服装上的纽扣，用裁剪的方式将其还原为布片状态，继而将各种形状的碎布片缝合成四方形的工业抹布。这可是货真价实的匠人手艺。

门仓总经理将一件用来生产工业抹布的秋衣拿给我看，并解释说："用来生产工业抹布的材料，最好是那些经过反复穿洗的服装。由于新衣服的棉材料表面有一层油膜，布料之间的缝隙也很紧密，因此吸水吸油性还不够强。但是穿久了的衣服，其布料会变得松散，能够更好地吸收机器上的油污。"

门仓贸易原本位于神户港附近的中心街和旧住宅区，专门从事二手服装的进出口业务，工业抹布也是从其他渠道采购之后再进行转卖的。然而在现任总经理门仓先生接手公司以后，为了满足顾客更加细致的要求，开始通过收集废旧服装的方式来生产工业抹布。

"在日本，自古以来人们就在用不同的方式生产抹布。在江户时代，许多和服经过几代人穿旧了，没用了，人们就会把它们拆开，当作抹布或踏脚垫使用。抹布的制造为垃圾赋予了生命。然而随着化纤服装的增加，这种历史悠久的回收方式变得愈发困难，不禁令人感到惋惜。"

2006 年，为了拓宽不可回收的废旧服装的"出路"，门仓贸易开发了一种名为 Ritmo[1] 的商品。这是一种将无法回收的服装拆解为棉纤维后，与塑料纤维混合、加热、加压后所制成的板状材料。据说它的功能与木材相仿，同时拥有超越塑料的硬度，就连钉入钉子后也不会开裂，同时还有良好的蓄水性。该材料可作为建筑材料、高速公路的缓冲材料，以及墙体绿化材料使用。

"问题在于，如今这种材料的知名度还不够高，因此我们打算通过参加展览会等方式，让人们了解它的功能。"

过去的"不可回收品"如今终于能够加以利用，甚至还能生产出具有前所未有功能的材料，这不得不说是一大突破。不过门仓总经理还是补充了一句："即使 Ritmo 正式投产，我也希望它能保持小众。因为如果回收来的废旧服装统统被生产成为 Ritmo，那么也会殃及最适合制作工业抹布的那部分服装。而且一旦大公司发现商机，就会把我们这种小公司挤出这个行业（笑）。如果用于生产 Ritmo 的回收规模过大，导致为此而出现的废旧服装增加，现阶段许多方面的平衡都会遭到破坏。因此废旧物品回收行业还是保持这种平衡中收缩的状态最好。"

想要了解一个社会的现状，最好的办法或许就是去观察这个社会的"垃圾"。因为垃圾最能体现出什么是人们想要的东西，正在消费

---

[1]　根据 Recycle（再生利用）Fabric（纤维制品）Model（模式）一词衍生出的造语。

的东西，以及什么是用不着的、需要抛弃的东西。

在返程的新干线上，门仓总经理那句"废旧物品回收行业还是保持这种平衡中收缩的状态最好"依旧在我脑海之中回响。

RPF 产业同样产能过剩

结束了对门仓贸易的采访的半个月后，我又来到了一家位于北海道的 RPF 工厂。这里也可以说是对回收厂眼中的"垃圾"进行处理的工厂。北海道苫小牧市的苫小牧处理厂于 1999 年开展 RPF 处理业务，在国内也算是相当领先了。

这里处理的大部分是塑料垃圾，但也有不少服装、被褥等纺织品垃圾。在参观工厂时，我见到了在门仓贸易那里同样见过的传送带，上面也运送着垃圾，有工人在一旁筛选。哪怕是 RPF 处理所要使用的原料，也并非来者不拒。金属，以及燃烧时产生有害气体的聚氯乙烯制品会被工人剔除出去。剔除后，垃圾会被粉碎成小块，继而压缩、加热，最终制造成直径 3 厘米，长 15 厘米的圆筒形固体燃料RPF。这家工厂所生产的 RPF，主要提供给作为苫小牧市当地支柱产业的造纸厂使用。

接受采访的山本康二常务表示，在 RPF 公司的商业模式中，与生产 RPF 相比，回收塑料垃圾与纺织品垃圾时所收取的费用才是收入的主要来源。现在更是如此，因为日本过去将大量塑料垃圾委托给中国进行处理，而在 2017 年年底，中国彻底禁止"洋垃圾"进入，因此日本国内为数不多的 RPF 工厂再次迎来了一阵"春风"。

然而山本常务的下一句话却令我感到惊愕："即便如此，国内的RPF 产业依然处于产能过剩的状态。"

事实的确如此。日本国内纸张的生产量和消费量都在逐渐下滑，生产时所需的燃料量自然随之下降。此外，与煤炭等传统燃料相比，RPF 会加速造纸厂锅炉的老化。这就是日本国内 RPF 的产量不断提高，而用来"消化"产能的需求却受到限制的原因。看样子，回收行业的各个领域都出现了饱和现象。

山本常务告诉我："RPF 原本是为了防止天然气与煤炭等资源枯竭而研发出来的替代能源，然而在生产 RPF 时，本身也需要消耗电力和煤炭。所以最重要的还是勤俭节约，减少消费，从源头处减少垃圾的产生。"

然而废弃塑料等垃圾一旦减少，RPF 工厂的业务也会不断减少，这对从业者来说也不是件好事吧？我向山本常务提出这样一个问题，他答道："垃圾减少是件好事。到了那时，我们自然会寻找其他回收方法来满足社会的需求。"

他的想法与门仓总经理不谋而合。看来两人对减少垃圾，充分利用资源的态度都是坚定不移的。

当服装得到人们的珍惜，经过长时间穿着终于结束了自己的使命之后，人们又通过其他方式重新赋予它们生命。我想这应该才是"回收利用"最理想的状态。

像是门仓贸易、苫小牧处理厂这样的企业正是这种"惜物"精神的现代传人。有人觉得"反正可以回收利用"，就将没怎么穿过的新衣服送给回收公司处理，这无疑是本末倒置。

这也说明，回收行业之所以会出现废弃物饱和的问题，正是因为我们丢弃的物品实在是太多了。

2　如何评价"回收再利用"？

文：仲村和代

回收再利用是企业策略

在持续采访的过程中，我（仲村）与藤田记者不断遇到一个问题，那就是应该如何评价对废旧服装的回收再利用这一做法。

全新服装遭到大量废弃的问题，不仅仅是由于服装滞销，更是由于服装企业为了降低生产成本，将订单大量发往人工费用低廉的国家造成的。这种由结构性问题所导致的全新服装遭到大量废弃的情况如果长期持续下去，将引发严重的问题，相信许多人都会认同这一点。但假设这种模式能够正常运转下去，就能代表它是正确的吗？

上文中我们介绍过，最近许多服装企业都展开了废旧服装回收活动。不过与德国等国家相比，日本的废旧服装回收率仍旧不高。相当一部分废旧服装都被当作可燃垃圾，最终付之一炬。企业回收废旧服装进行处理固然可以看作是一种"对资源的有效利用"，然而这同样是它们销售新款服装的策略。它鼓励消费者抛弃衣柜里的旧服装，并有效地消除了人们心中的负罪感。然而大多数消费者都不会知道那些被回收的服装最终去了哪里。

为了寻找这一问题的答案，我拜访了日本环境设计公司。这家公司曾实施过"BRING"计划，呼吁在服装店内回收废旧服装，并将它们作为纤维材料加以利用。这家公司由在纺织品贸易公司从事纺织品回收工作的岩元美智彦董事长与当时还是一名研究生的高尾正明总经理于 2007 年共同创办。该公司凭借先进的技术，将回收后的聚酯纤维溶解、提炼，最终还原为聚酯纤维的原料——聚酯树脂。聚酯的原料是石油，而该公司的目标就是通过回收利用的方式减少石油衍生品，进而减少二氧化碳的排放量。到目前为止，已经有包括无印良品、巴塔哥尼亚等多家服装企业，以及大丸松坂屋等约 70 多家公司加入该计划，分布在国内的回收点也增长至 3 000 多家。

为什么要在"店内"回收？

站在回收行业工作者的角度来看，正因为有服装遭到废弃，他们才有生意可做。那么他们对大量废弃的问题又是如何看待的呢？

我提出这个问题后，接受采访的高尾总经理如此回答："无论怎么看，都有太多的服装被丢掉了，我们回收来的许多衣服其实都还能穿。之所以坚持店内回收，一个重要的原因就是我们希望将消费与回收这两件事结合起来，尽可能促使消费者的意识和消费行为发生转变。"

高尾总经理认为，如果仅仅考虑效率，那么还不如由当地政府来完成对可回收垃圾的收集和利用。然而，这意味着消费者失去了将被抛弃的服装视为"资源"，乃至进一步思考它们去向的机会。实际上，有些服装甚至未等参与到循环过程之中，就直接被当成垃圾处理掉了。

"为了减少石油损耗，消费者的协助不可或缺。我认为消费者是明智的。想让他们参与进来，就必须告知他们'正确的做法'。如果有人把该做的事情告诉消费者，他们是愿意积极配合的。"

高尾总经理表示，不一定非要将最广大的人群作为目标，重要的是那些正在当下的消费文化中培养起来的，社会意识较高的消费群体。

"当我们改变消费文化时，并不会突然出现翻天覆地的变化。那些对问题敏感、能够作为'受体'接受理念的人们会率先进行改变，随后再渐渐蔓延到全社会。"

公司的发展起初并不顺利。创业后的好一阵子都只能做咨询业务。2008 年，他们与一家大型手机运营商展开合作，开始对手机上的废旧金属进行回收利用，这样做的目的依然是支撑他们回收纺织品的核心业务。2005 年前后，一些公司怀着同样的理念起家，但却时运不济，纷纷破产。高尾总经理笑着说："后来能够经营顺利，是因为我们拥有灵敏的商业嗅觉——开个玩笑，其实只是走运罢了。"

认为什么是正确的，就说出来

高尾总经理还表示，尤其是最近，他明显感受到服装企业的意识发生了变化。纺织品回收的一大难题是成本。他们公司生产的再生材料与用石油生产的材料相比，价格是偏高的。尽管如此，许多企业依然明确表示"即使价格昂贵，我们也要使用再生材料"。

"我觉得舆论的影响还是蛮大的。在欧洲之类的地区，作为环境政策的一部分，政府明确强调了对再生材料的重视。因此企业也愈发意识到如果不使用再生材料，公司便会难以生存。"

要是提高工厂的生产能力，就能降低成本。因此企业甚至会主动找到工厂，共同讨论降低成本的方法。

同时高尾总经理表示，年轻人的意识也对这一趋势产生了巨大的影响。

"我们公司那些快 30 岁的员工都带着一种悲壮的情怀，似乎认为如果这种现状持续下去，自己这一代人会连孩子都养不起——他们在学校受到的似乎就是这样的教育。学校给他们灌输了危机意识，却没有教会他们解决问题的方法。而像我们这样的企业正是他们的最佳去处。"

高尾总经理说话时总是带着淡淡的关西口音。他和我基本算同龄人，既有着关西人的坦率劲儿，也有着理科男实事求是的精神，对自己知识范围以外的内容从不多嘴。我们聊得相当投机，谈论了许多采访内容以外的话题，感觉时间过得飞快。期间他所说过的一句话给我留下了深刻的印象——

"认为什么是正确的，就说出来。良好的舆论一定能够改变世界。"

3 废旧服装究竟有没有用？

文：仲村和代

我们不需要"佩佩"

回收到的废旧服装不仅可以加工成其他产品，那些品相良好、能够继续穿的服装还会被出口到海外，原封不动地进行"再利用"。它们的进口国基本是亚洲和非洲的发展中国家。在这些国家里，废旧服装除了二手出售以外，还有些会被捐献到难民营。

从贸易统计数据上来看，日本的废旧服装出口量由1988年的38 000吨，到2005年的10万多吨，再到2017年的24万吨，在过去的30年里增加到了原来的6倍。出口对象则是马来西亚、韩国、菲律宾等国。

不过即使是在日本，向发展中国家出口废旧服装的做法也同样充满争议。有人说，"日本的废旧服装干净整洁，因此受到了发展中国家的欢迎"；有人说，"这种做法挤压了当地产业的发展"；还有人指出，"大量捐赠品与当地的宗教、文化、气候等要素不相匹配。如果当地人也把这些服装当垃圾扔掉，就意味着发达国家将自己本应承受的负担转嫁给了发展中国家"。

《真正的成本》（导演安德鲁·摩根，2015）是一部批判性地描述快消时尚产业现状的纪录片，影片中提到了发达国家对发展中国家的出口问题——中美洲国家海地的人民，饱受从美国运来的"佩佩"之苦。"佩佩"指的就是废旧服装。美国出口到这里的废旧服装，给当地的纺织业带来了巨大的压力。

废旧服装：畅销品与滞销品一同出口

实际情况又如何呢？

福西隆弘在大学时期专攻非洲经济，如今是日本贸易振兴机构（JETRO）亚洲经济研究所的成员，同时担任非洲研究小组组长一职。他在自己2014年所撰写的论文《再利用品贸易的真相》中总结了废旧服装国际贸易的现状，并研究了该现状对肯尼亚等国家当地产业的影响。福西先生说："从学术角度来说，很难得出废旧服装的进口摧毁了当地的纺织行业的结论，但不能说完全没有影响。"

他还表示，之所以认为难以得出结论，是因为废旧服装与全新服装的进口是同时进行的，因此很难证明究竟是哪一边对当地纺织业产生了影响。例如在肯尼亚，从上世纪 90 年代中期开始，废旧服装的进口量增长，新衣服的价格则大幅下跌。这导致当地纺织企业纷纷缩小生产规模或是转而从事其他生产。然而在纺织行业衰退的同一时期，肯尼亚对亚洲全新服装的进口量都出现了大幅增长。

"不过的确有些国家在限制废旧服装的进口。我认为可能是政府判断它影响了本国的产业。"

废旧服装通常会以打包的方式运送到非洲各国，包裹里面的东西是看不到的。不同种类的服装混在一起，有些在当地畅销，有些则无人问津。当地的零售商会对服装加以整理，预计卖不出去的就会被丢弃。

福西先生还说："被丢弃到郊外空地上的服装数量恐怕相当庞大。不同于汽车和家电，服装在废弃的时候不会产生过多的有害物质，因此过去并没有出现过于严重的问题。"

除了极少一部分追求年代感的消费者外，会购买废旧服装的都是中低收入人群。从全球市场的范围来看，这些服装都是由发达国家流入到发展中国家。本世纪头 10 年起，非洲各国经济增长，人民收入增加，因此废旧服装的购买者也逐渐减少。

福西先生认为发展中国家的废旧服装市场目前尚未到达饱和状态。然而在发达国家，流行浪潮来得快去得也快，新款服装沦为废旧服装的速度也越来越快。此外有些服装企业为了降低生产单价，从一开始就进行大批量生产。福西先生指出，如果发展中国家继续增加进口，终有一天也会出现废旧服装过剩的问题。

而以"援助"为名送来的废旧服装，同样存在着自己的问题。

"我认为从结构上来讲，这与过去在粮食援助方面所产生的问题相似。具体来说，假设某个国家因发生干旱而缺少食物，国际社会对其提供紧急援助。然而免费的食物导致当地粮食价格下跌，最终连那些原本没有受灾的农民们也遭了殃。服装也是如此。但由于生产服装的企业已经消失，对因果关系的分析没有进展，有害性也不算明显，所以暂时还没出什么大问题。身为消费者，如果能把废旧服装以'回收利用'的形式送出，清理衣柜后重新购买其他服装的话，也算是为贫困问题做了贡献。然而废旧服装的出路一旦被堵死，这一模式就将无法运转。这种服装处理形式究竟还能存在多久？这一问题值得商榷。"

当然，回收利用也并不完美。尽管它能在一定程度上减轻消费者的负罪感，但如果无休止地丢弃下去，这一模式总有一天也会分崩离析。这种现象在消费者眼中或许只是"某一天突然爆发的事件"，然而对于身处一线的业内工作者来说，却早已是日积月累发展起来的老问题。

归根结底，还是必须重新审视低成本大批量生产这一模式本身。伴随着采访不断深入，我们也愈发深刻地认识到了这一点。

第四章 利用"透明化"与"技术"改变世界

1 解决方案①：公开价格

文：藤田皐月

16 800 日元的卫衣算贵吗？

"面料 3 779 日元，裁剪、缝制 4 326 日元，零杂配件 598 日元，商品成本 8 703 日元。"

如图 3 所示，在服装企业 10YC 的销售网站上，所有商品的介绍中都标注着上面那样的数字。这些数字展示了服装生产过程中，每件服装在各个工序中的成本。

面料3 779日元　　裁剪、缝制4 326日元　　零杂配件598日元

商品成本8 703日元

图 3　10YC 主页截图

例如这几个数字代表在生产一件 M 号男士卫衣的过程中，吸汗快干面料的进价是 3 779 日元，支付给纺织厂进行缝制的加工费是 4 326 日元，拉链挂扣等小部件的进价是 598 日元，服装的生产成本总共 8 703 日元。这件卫衣的售价是 16 800 日元，售价定为成本的 1.93 倍——类似这样的消息，在网站上都是一目了然的。

公司为何要向消费者公开服装的生产成本呢？

"如今促销活动太多，人们很难了解服装的真实价格。我认为这与服装遭到大量废弃的现状不无关系。如果顾客得知了生产成本，他们或许会对服装更加珍惜。"

10YC 三名创始人之一的后由辉先生表示，10YC 的目标是"生产让顾客想要穿上 10 年的服装"。

网站上还列出了以相同成本生产的"服装的常规售价"，它的价格是 29 000 日元，从一件卫衣的角度来讲，算是相当昂贵了。

"日本服装企业的传统是，从产品下单，到生产、流通，直至在店面销售的这一产业链里，都有大量贸易公司与批发商参与其中，因此要为中间商支付的成本很高。除此之外，售价中还要加上远远高于成本的品牌溢价。但由于我们直接和工厂打交道，因此可以将售价定在成本价的两倍左右。"

这下我明白了。原本在我的印象里，卖 16 800 日元的卫衣价格确实有点高，但听了后先生的解释，我便觉得能接受这个价格了。反之，当我重新审视"传统服装的售价"时才惊讶地发现，原来商品售价要比成本高出那么多。

10YC 会与工厂直接签订合约，这样就能向工厂支付合理的加工费。此外，生产出来的服装仅由公司进行网售，没有批发商或中间商赚差价，因此可以降低商品价格。由于现在的促销活动非常普遍，因此有些服装企业会事先把价格定得很高，以便应对后续的促销活动。10YC 的产品从不参与促销，因此也就不会把这部分成本添在原价当中。

"我们希望营造一个有益于生产者和消费者双方的服装销售模式。"

查看服装尺寸时，我发现 S 号卫衣的成本价是 8 605 日元，L 号卫衣的成本价则是 8 801 日元，二者稍有不同，这是因为布料的使用量存在差异。

"尺寸不同，原料的使用量当然也不一样"。后先生的说明也体现出一种"开诚布公"的姿态。

无人知晓的服装"成本"

正如前几章所述，服装行业始终追求着更加廉价与大规模化的生产方式，在此过程中，服装遭到大量废弃、服装厂的高强度劳动、环境破坏等问题也随之不断产生。近年来，服装行业内部也出现了试图通过提高"透明度"以寻求解决方案的做法。

其中一个引人注目的方案就是服装生产过程的"透明化"。服装由谁负责生产制造？他们的生产理念是什么？生产地点又在哪里？如今有越来越多的企业将"服装的生产流程"挂在自家的官网上，将信息传递给消费者，并引导他们关注产品。10YC 也是其中之一，只不过他们更加激进，连生产成本都进行了透明化。

说到底，为什么过去极少公开服装成本？

不只服装、食品、书籍、文具……仔细想想，几乎任何商品都不会向消费者公开成本。

对于我们这些消费者来说，商品的"价格"就是在商店里购买时的价格。商家为了盈利，自然要在成本上添加利润。但除此之外，在工厂和商店之间还存在中间商和批发商，每多过一手，价格里就要再添上一笔手续费。而中间商介入的原因则多种多样，有的可能是调整供求关系，有的可能是拓展销售渠道，还有可能是为零售商降低库存风险。

然而，当消费者拿到商品时，他们并不知道眼前的价格里有多少是成本，多少是利润，又有多少是给中间商赚去的差价。一旦得知真相，消费者的购买欲望可能会受到打击，或许这就是商家不愿将价格公开透明化的隐情。

在这之中，服装行业是尤其难以公开成本的领域之一。

尽管面料质量与设计师的雇佣成本可能存在差异，但几乎所有服装都是由缝纫机手工生产，不同服装之间的工作量与原料数量一般也相差不大。然而它们的价格差异却往往能够达到数十甚至上百倍。其中的一个原因可能是，价格浮动区间在一定程度上是由商品的品牌与销售地，而非成本所决定。尤其是知名品牌，其品牌溢价与宣传费用都会被添加在售价之中。另一方面，廉价服装在海外工厂进行大批量生产，以降低加工成本。而需要被压缩下来的这部分成本，被转嫁给了工厂的工人来承担。

在给服装定价的过程中，隐藏着太多服装行业不愿意向消费者透露的"不可告人"的真相，正因如此，商家几乎从来不会公开服装的成本。10YC打破了这一潜规则，对服装行业传统的定价方式与制度提出了质疑。

"难道我们是在生产垃圾？"

10YC是由后先生等三位年龄相仿的男士于2017年9月所共同创建的。身为总经理的夏田将太先生与后先生原本都就职于知名服装企业。他们的工作是指导厂家对照样品进行批量生产，并安排物流中心发货。

当时他们常常会感觉到，工厂刚发来的不久的货，没过几天就被送走去参加促销了。

"公司总说'卖不出去，卖不出去'，动不动就给服装降价。降价确实能够提升销量，可这样一来，顾客就越来越不愿意以原价购买服装了。"

就这样，大量滞销的商品会在仓库里先放置一段时间，没过多久就被垃圾处理公司拉走。每个季度都是这样，周而复始。

"那时我心里想，难道我们是在生产垃圾吗？如果公司遵循'销量全靠降价'这一方针，顾客会越来越难以感受到商品的真正价值，服装的生产者们也会受到危害，这对他们双方都是一种辜负。"后先生回忆道。

公司为了降低生产成本，几乎所有产品都是从以中国为主的国外进口。后先生和他的同事根本不知道这些服装是在位于何处的工厂，由什么人，以怎样的方式生产出来的。

参观生产车间时所发现的"可能性"

因此，三人辞去了原本的工作，创建了 10YC。他们所坚持的理念是"要亲眼看到服装车间的样子，生产让自己认可的服装"以及"将服装生产的过程呈现给顾客"。

于是他们预约参观了日本国内的纺织厂、染色厂及织布厂。由于生产基地转移至海外，日本国内的许多小型服装厂相继破产。但皇天不负有心人，他们最后还是找到了一家坚持生产服装的工厂。

"走在曾经与我们合作过的工厂里，尽管目睹了如今国内生产车间的萧条，但我们更希望能从中找到开拓未来的可能性。他们对自己的技术抱有信心，即使无法确保高效，也在努力生产着高附加值产品，培养着年轻的工人。我们真心希望能够将这幅景象呈现在顾客眼前。"

在 10YC 首页的产品介绍里，公布了负责从纺绩到织布、染色、缝纫等各个工序的 15 家国内工厂的名称，工厂的详细介绍也陆续上传至公司首页。例如对上文中的卫衣进行缝制的丸和纺织工业青森工厂（Apti-Maruwa），网站上有着这样的介绍：

> 据称，日本纺织业从业者的平均年龄已经达到 60 岁，然而
> 在 Apti-Maruwa 工作的工人全部为 30 岁出头的日本人，与其他
> 工厂的平均年龄相比更加年轻。这样做的原因是我们始终秉承着
> "育人为本"的态度。Apti-Maruwa 每年都在吸纳新鲜血液，其
> 中大部分是没有工作经验的本地高中毕业生。我们的风格是从零
> 开始培养，为从未使用过缝纫机的员工提供技术指导，最终帮助
> 他们成长为优秀合格的人才。我们致力于改变人才匮乏的纺织业
> 现状，重视沟通，并为年轻一代人打造更加舒适的劳动环境。

生产衬衫面料的石川县丸井纺织厂则在网页上如此介绍自己：

> 丸井纺织厂以"用材料的力量，令社会更加美好"为宗旨，
> 致力于利用高新技术开发防水、透湿、吸汗、速干、兼具轻便与
> 高强度、适用于运动服的休闲时尚面料。"用涤纶面料，制出高
> 档纯棉制品的外观"——10YC 的衬衫所使用的面料是我们锐意
> 创新、不因循守旧的结果。在丸井纺织厂，存在着创造崭新时尚
> 的土壤。

于挫折中诞生的方针

在创业伊始，10YC 就打破了服装行业的多项常识，当然在试错
过程中他们也碰过壁。在公司成立约一年后曾发生过这样一件事。

为了防止库存积压导致服装被销毁，他们选择进行小批量生产，
结果导致库存不足，无法及时满足供应。当然，他们崭新的经营模式
引起杂志的关注，使公司销售额远远高于预期，也对当时的状况产生

了一定的影响。为此，10YC 于 2018 年 8 月底暂停营业。

"在过去那种小批量的生产模式下，有不少顾客特地到官网和'快闪店'里向我们打听自己想要购买的服装什么时候才能送到，但这个问题我们也难以回答。而且小批量生产对工厂来说也不友好，这样做某种意义上会降低生产效率，不利于工厂盈利。这样一来，就无法实现我们的'让生产者与顾客双方都满意'的宗旨。"

究竟要怎样做，才能既为顾客提供稳定的货源，又能让工厂感到满意呢？在此基础上，他们还希望尽量减少库存、避免产生浪费。

为此，在公司重新营业前的一个月里，三人进行了一系列的讨论。最终得出的结论是，他们缺少能够帮助自己实现宗旨的公司制度。于是三人制定了如下方针。

方针①：继续实行小批量生产。即便无法满足供应，也要明确补货时间，并如实告知顾客。

方针②：委托工厂进行连续生产，而非一次性生产。与厂方积极沟通，提前通知我们对订单数的预测。

下田总经理向我讲述了他们在得出"坚持为顾客提供稳定货源"的结论之前所遭遇到的窘境。

"刚刚创办 10YC 时，我们的初衷是生产自己想做的 T 恤，并与顾客进行分享。所以在暂停营业期间，我们甚至想过干脆想卖什么就卖什么，想什么时候卖就什么时候卖算了。"

然而，在重新审视 10YC 经营活动的过程中，三人突然意识到"精心生产的服装能够改变人们的日常生活"，"而我们的使命就是将这样的商品送到顾客手中"。

"话虽如此，我觉得依然要注重保持游戏性心态和愉快的心情，因此想在管理层面上寻找平衡点。暂停营业期间，我们分享了各自跑业务、做销售时可能会忽略的细节，防止今后出现同样的差错。"

他们将这样的心得总结为这样的"产品方针"，并在 10YC 的官方网站上进行发布："我们付出最大努力，只为让你在'穿着'时感受到全新的自己。"

为此，10YC 提出如下六项目标：

- 让顾客露出笑容
- 让顾客感到轻便灵活
- —1
- 在家也可轻松洗涤
- 越穿越好穿
- 完善售后服务

第一项目标是保证服装拥有"上佳的触感"。"—1"表示"不添加多余的功能，而是减少日常中的不便"。同时，为了让顾客花费宝贵的金钱所购买的服装能够长期穿着，服装拥有"越穿越好穿"的特点，如果服装购买了一段时间后出现污损，企业还有"完善的售后服务"，顾客可将其送回进行翻新。

10YC 的产品方针并未强调商品的时尚性与他们对生产者的重视。恰恰相反，这六条方针展现出一种以顾客为中心的态度。其中第二条"令顾客感到轻便灵活"或许最为有力地表达出了这一态度。换句话说"服装不是主角，它的作用是令穿上它的人感到轻松愉快"。

后先生对我说："顾客之所以会购买 10YC 的服装，是因为我们的产品穿着舒心、开心。如果这样的顾客越来越多，就会形成一种社会效应，我觉得这是件好事。不仅是生产服装的人，穿着服装的人也要有所收获才行。"

10YC 如今对标的是美国一家名为"古斯汀"（GUSTIN）的男装

企业。该公司的经营方针是"销售所有商品，不做任何废弃"。而GUSTIN所使用的方法就是"众筹"。如果消费者们在该公司网站上发现自己中意的设计，并且能够接受价格的话，即可点击"Back it!"（支持它！）的按钮，这样就能参与这款服装的众筹，促使产品发售。网站上会以百分比的方式展现每款商品当下的众筹进度及截止日期，如果在截止日期内没能筹集到足够的资金，那么即使参与资金筹集的顾客也无法购买。这种做法除了能在一定程度上积累生产批量，保证生产效率以外，还能防止产生多余库存，避免商品废弃。

"通过这样的方式可以使订单透明化，避免生产浪费。"下田总经理说，"我认为这种做法是可行的。"

席卷开来的"透明化"浪潮

如上所述，在服装行业，"透明化"的浪潮的确正在渐渐席卷开来。

下田总经理等人的灵感最初来源于美国一家名为"埃韦兰斯"（Everlane）的服装企业。该公司于2011年在旧金山成立，仅在线上出售商品。2019年2月，埃韦兰斯在日本开通了官网（起初并未公开商品成本）。

而日本在这方面的先驱者则是于2012年在熊本成立的品牌"Factelier"。这一品牌同样只进行线上销售。它在东京与名古屋等地开有三家门店，海外开有两家门店。店铺本身并不出售服装，而是仅为顾客提供服装样品和试衣间。尽管它不像10YC那样连成本都进行公示，但也会在服装标签上印出合作的国内工厂名称。在过去的流通环节当中，支付给工厂的加工费与杂费标准通常是由"建议零售价"所倒推出来的，然而Factelier的生产成本则由工厂决定，它们的商品价格至今没有超过成本的两倍，同样也不会进行促销活动。

看到这些崭新的趋势，我们不难发现，信息透明化与去除中间商的做法通常是成对出现的。对于消费者来说，除了定价方式以外，他们同样希望了解商品来源、生产者的想法，以及他们的工作方式。服装行业的现状变化，或许正是消费者这种思维方式的体现。

随着互联网技术的发展，不仅是大企业，个体户同样能以这种模式进行经营。如果消费者们能够将服装生产的信息透明性视作一种"价值"，对于服装行业中存在的大量废弃与劳动环境恶劣等问题的解决，都将产生巨大的推动力。

2 解决方案②：有效利用技术

文：仲村和代

了不起的中国

为了杜绝浪费，我们能做到什么？一些公司已经在新技术中寻找到了答案。

2017 年 10 月，位于东京都港区的恩瓦德控股子公司"Onward Personal Style"推出了名为"KASHIYAMA the Smart Tailor"的全新品牌，主要提供西装定制服务。

该品牌推出前一年，在恩瓦德坚山（Onward Kashiyama）公司负责男士西装的关口猛曾前往中国工厂进行考察，探索拓展新业务的可能性。当时他目睹了中国工厂高水平的工业设备与商业模式。

"大力发展服装产业是中国推行的一项政策，而且产业发展势头比日本更猛。如果我们再不做些什么，迟早会被彻底甩在后头。"出于这种意识，他开始着手创建一个服装定制的新品牌。

在此之前，尽管 Onward Personal Style 也曾以实体店和上门销售的方式涉足过定制业务，但如今他希望能将这些碎片化的业务整合为一个全新品牌。其中最为他所关注的是"速度"。为此他重新审核流程，希望为顾客量好尺寸后，能在一周之内将产品交到他们手中。

"十天我都觉得太久。假如我周末出门逛街，顺便带上自己的衬衫去裁缝店改个袖口的话，只需下周就能拿到。我希望买衣服也能是这个样子，这周末买完，下周末就能拿到手。"

令我倍感惊讶的是，这些服装并不是从日本国内，而是从中国大连的工厂运来的。一位专家表示，之所以能做到这点，是因为企业员工考察过当地工厂，对服装车间的状况了如指掌。

这么快的速度的背后，离不开 IT 技术的支持。

过去想要定做一套西装的话，通常都是将尺寸手写在纸上，以传真的方式发给工厂。到了周一，工厂先要花上几天的时间录入数据，随后才能制作版型。

然而借助 IT 技术，只需在店里输入数据，电脑就会自动生成版型，第二天一早即可开始生产。大连工厂生产的产品会由飞机空运到日本。公司使用了独特的方法，在不损失质感的前提下将服装所占的空间压缩到最小，成功降低了运输成本。

在负责为顾客测量尺寸的店面里，有 14 家直营店和 25 家没有店员常驻、仅以预约方式经营的导购店（截至 2019 年 2 月底）。服装店通常开在都市中的黄金地段，而导购店却开在高层写字楼等租金低廉的地方。顾客们都是按图索骥，沿着网上的地址找过去的，也不算太麻烦。只有在顾客预约后，店里才会派人过去，因此可以降低人力成本。

用种种方式降低成本后，公司得以将整套西装的定制价格控制在 3 万日元起。不仅如此，顾客还可以对服装的设计风格、面料和纽扣款式进行任意挑选。

由于只生产顾客下单的服装，自然也就减少了损失和浪费。顾客不仅可以选择适合自己的服装，产品的性价比也很高，这自然带给他们一种"物超所值"的感受。

2018 年，该品牌的预估销售额约为 37 亿日元，售出服装约 5 万 4 000 件。

避免库存过剩

在服装行业工作的人，大多数都是时尚与服装的爱好者。看到好不容易生产出来的服装遭到大量抛弃的现状，他们也很难不感到心痛。

井上圣子女士的个人经历颇为独特。在研究生阶段，她所攻读的是哲学专业，然而出于对服装的热爱，她在毕业后又进入一所服装职业技术学院就读。在为电视节目组担任过一段时间的造型师后，她于 2014 年成立了一家名为"Dress Wisdom"的礼服定制公司。

即将从职业技术学院毕业时，井上女士的老师这样告诉她和她的同学："在日本，每年有 8 亿件新衣服被人丢弃。在投身于服装行业之前，我希望大家能够牢记这个事实。"

这句话令井上女士极为震惊。刚刚进入职业技术学院学习时，对她来说最难掌握的就是缝纫技术。即使脑袋里知道要怎么做，真正用缝纫机处理布料时却发现并不容易。费了好大劲做完一件衣服后，仅仅因为出现了一丁点瑕疵，就被老师要求重做。在这个过程中，她好不容易才掌握了专业技术。

然而现实中，技术工人们辛辛苦苦生产出来的商品，很可能未经消费者之手便惨遭废弃。她在心里暗暗发誓，总有一天要为改变现状而尽自己的一份力。

当创办自己的品牌时，为了坚持"避免库存过剩"的初衷，她决定将业务转向服装定制和服装租赁的方向。然而只要在服装行业工作，即使心里一万个不愿意，也依然会目睹到库存过剩的现状。有些服装甚至从纺织厂发货后还没出过箱子，就遭到了废弃。

到了 2018 年，发展中国家大量生产商品、外国技能培训工被迫劳动、服装生产车间劳动环境恶劣等问题成为常态后，她想要改变业界的想法愈发强烈。于是井上女士实施了一项计划，将过剩的库存送到需要的人手中。公司不从该计划中盈利，而是每年向加入计划的会员收取会员费，再以优惠价格将产品出售给会员，所得款项将用于慈善事业。

互联网的力量再次发挥了作用。短短 2 个月内就有超过 300 人通过众筹的方式支持了该计划，募集总金额超过 240 万日元。支持者们的感想也被登载在众筹网站上面：

> "被废弃的服装哪怕减少一件也是好事。虽然只能尽绵薄之力，但如果有合适尺寸的服装，我是愿意购买的。"
>
> "她是为服装生产者着想的人，很高兴能为她提供帮助。"
>
> "身为一名服装爱好者，我对服装遭到废弃的现状感到痛心。我很乐意支持这一计划，并为此提供力所能及的帮助。"

2018 年 6 月，该网站开始正式销售商品。为了保证品牌价值，该网站仅向会员开放。"滞销的服装不是'损失'，而是一笔巨大的财富，只是我们还没找到合适的利用方式而已。"井上女士认为，为了杜绝大量废弃行为，服装行业需要加强对慈善义卖这种处理方式的认识。此外公司还与地方政府加强合作，开拓新型渠道，将库存服装捐献给儿童福利院等社会机构。

井上女士的目标是通过这一计划吸引人们的关注，并将这样的运动推广至整个服装行业。她希望有一天，"是否废弃商品"能够成为人们评价品牌优劣的标准之一。

浪费的背后是强迫

衣食住行。在描述人类生活的基本要素时，人们首先想到的是衣服。服装在日本历史上的重要性可见一斑。

与吃住相比，衣着只要能起到防寒避暑、保持清洁的作用，就会让人感到舒适，并确保与他人相处时不失礼数。正因如此，与直接涉及到健康问题的"食"与关系到生活舒适便捷与否的"住"相比，与文化有着密切牵连且底蕴深厚的"衣"往往被视为与个人品味紧密相关。

然而从生产机制来看，服装也关系到全球范围内的工人健康问题与环境问题。浪费的背后是强迫。衣服再怎么美轮美奂，如果在生产过程中践踏了人权，也只是在暴殄天物罢了。

从我探访服装行业的销毁废弃问题开始，到现在已经有一年左右的时间了。那些奋斗在行业第一线，感受到危机并为此而行动的人们，给了我继续采访的动力。为了支持他们的行动，消费者的呼声是不可或缺的。为了提高透明度，建立起不再以人的牺牲为代价的新生产模式，我希望能够继续为那些"想要了解现状"的人们发声。

第二部分
便利店·食品行业篇

第五章　每人每天都在浪费一碗米饭

1　炒作出来的"传统食品"——惠方卷①

文：仲村和代

2月3日　下午3点过后

一家工厂的大门外，摆满了因暂时无法入厂而堆放在这里的、容积为500升的红色容器，容器里是被塞得满满当当的"废弃食品"。细长条的黄瓜、细长条的黄澄澄的煎蛋，和同样是细长条、像是香肠一样的红色物体——大概是金枪鱼刺身，与米饭混合在一起，看上去应该是支离破碎的惠方卷。

我脑海里顿时冒出一个声音："太浪费了。"

2018年2月3日是这一年的"节分日"②。我（仲村）参观了日本食品生态中心（Food Ecology Center）位于神奈川县相模原市的工厂。工厂位于首都圈内一片林立的食品工厂中的一隅，从市中心乘坐电车大约需要一个半小时才能到达。该公司创立于2005年，创始人兼总经理高桥巧一先生同时也是一名兽医。他怀着"减少食品浪费"的一腔热忱，不断扩大着食品回收的范围。该工厂的业务是回收食品工厂与超市无法售出的食材。下午3点过后，在便利店与超市里，"惠方卷"的销售大战仍在热火朝天地进行，然而我听说已经有被丢弃的商品运到这里了。

抵达现场之前，我一直抱着怀疑的态度。其实"惠方卷问题"早在前几年就引起过人们的关注。当时有一位在便利店打工的店员抱怨上级规定的销售指标难以完成，并贴出食品在超市遭到大量丢弃的照片，在网上引起轰动。这件事引发了消费者的批判，而首当其冲的当然是便利店企业的管理层。本以为他们不可能听到消费者的呼声，过后总该有所收敛，因此今年大概不会再发生同样的事了。事实上与前几年相比，关于"销售配额"的控诉的确有所减少。我当然不希望大量丢弃食品的现象再度发生，但是也担心自己只是白跑一趟。

然而我的"期待"还是被辜负了。仅仅是节分日当天傍晚，惠方卷的"残骸"就已经在容器里装得满满当当了。

不巧的是，那天高桥总经理有事出差，因此带我进行参观的是总务部经理高原淳先生。他说："与平时相比，今天废弃的食品要多出一倍。每年的这个时候，与惠方卷相关的食材都会剧增。"

毕竟是收集废弃食品的地方，我早已做好了一定程度上的心理准备。然而与我预想中不同，工厂里面冷飕飕的，空气中只是弥漫着一股淡淡的酸味，丝毫没有腐臭的味道。不过也是，仔细想想，被运到这里来的其实并不是已经腐烂的食物，只是工厂或商店由于某些原因而无法继续销售的商品。它们与家庭中产生的厨余垃圾不同，是依旧新鲜的食物。说是废弃品也不算错，但其中确实还有不少仍然能算食材的东西。

---

① 吃"惠方卷"的习惯起源于大阪地区。"惠方卷"的材料大多是七种，一般为腌葫芦条、黄瓜、鸡蛋卷、鳗鱼、肉松、椎茸等，代表着"七福神"，把福气卷起来吃掉，祈求财源广进、去灾辟邪。1998 年大型便利店 7－11 将其作为一种商品贩卖，随后这一习惯流传到日本全国。

② 日本传统节日之一，顾名思义为区分季节的日子。立春、立夏、立秋、立冬的前一天都被称为节分，但现在所说的"节分"特指立春的前一日。在这天里，日本人习惯撒豆驱鬼或吃"惠方卷"来庆祝。

惠方卷变成了猪饲料

伴随着"咂咂"的声响，巨大容器内的惠方卷残骸被叉车抬起，一股脑儿地倒进粉碎机里，黏在容器里的食材也被水枪冲得干干净净。我站在二楼俯视着车间，只见水压很强，操作的工人也相当辛苦。被粉碎机咬合的巨齿吞下后，食物很快失去了本来的面貌。随后，那些"食材"——如今我已经不清楚是否能将它们继续称作"食材"——会沿着传送带继续向前。它们还会经过一道人工筛选的工序，以确保没有塑料、方便筷及香烟等异物混入。

这家工厂全年无休。在利用独特的技术进行消毒和发酵后，这些食品废弃物会被制作成一种名为"生态饲料"的液体猪饲料。负责人表示，即使是夏季，这种饲料也能保证在十天至两周的时间不会腐败。与烘干的固体饲料相比，这种饲料的生产方式能够大大减少热量与二氧化碳的排放。工厂有 180 多家客户，其中包括食品工厂与超市。每天进货 35 吨，能够产出 42 吨左右的饲料。处理垃圾与贩卖饲料是这里的主要收入来源。

我在工厂内看到了成品饲料，那是一种褐色的淤泥状物体，由于经过发酵，所以带有一股酸味，像是酸奶一样。

用这种饲料喂养出来的猪，通常都用于供应超市及百货店里出售的品牌猪肉。通过与高附加值的猪肉生产商合作，形成了产业的良性循环，同时也作为可持续发展企业的典范备受关注，甚至获得了与环保相关的各种奖项，前来工厂参观的消费者和学生团体源源不断。

每当参观者们见到被运送到工厂内的食物时，都会不禁感叹："真是太浪费了！"这时高桥总经理会告诉他们："为了将作为面包原材料的小麦与虾运送到日本，要在国外砍伐树木，并消耗大量的水资源。……直到现在，当我看到依然能吃的食物被大量丢弃时，还是忍不住希望食品生产与流通环节的相关责任人能够重新审视这些现象，消费者也应该意识到食品浪费的问题。"

傍晚时分，在从食品生态中心返家中的路上，我顺道去了一家超市。当我将目光投向在收银台前排队结账的顾客们的购物篮时，发现里面大都放着惠方卷。没想到"惠方卷文化"的普及程度依旧如此之高。不过距离打烊仅剩两个小时左右，超市不可能卖掉货架上所有的惠方卷，更何况还有流动售货车上面的那些。

我不忍心让它们遭到废弃，因此本打算至少买一个回去，就当是今天的晚饭，但最后还是作罢了。我的大儿子今年 3 岁，他很喜欢吃生鱼片，却对鸡蛋和牛奶过敏。超市里的惠方卷种类繁多，却没有一款是原料中不含鸡蛋或牛奶的，我的儿子都不能吃。从车站返回家中的路上，我又逛了三家便利店，发现那里也有各式各样的惠方卷出售，但依旧没有大儿子能吃的那种。"至少有一个过敏的人能吃的品种也好啊。"回家的路上，一边想着，一种被忽视的孤独感在我心头弥漫开来。直到最后，惠方卷也没能出现在我们家的餐桌上。

最终，工厂所接收的废弃食物的数量与往年基本相同。从节分日的第二天起，原本摆放在店内销售、如今却成为滞销品的惠方卷再次被大量送进了工厂。

惠方卷的销售配额问题

归根结底，为什么我会想要报道惠方卷的废弃问题？事情要追溯到 2017 年，也就是一年之前。

2017 年 2 月 10 日，《朝日新闻》的"声音"专栏刊登了一位前便利店店长的文章。它的作者是全国加盟店（FC）协会副会长近藤菊郎。文中提到了便利店强迫兼职员工销售固定额度商品的问题。内容如下：

在便利店行业中，因强迫兼职员工按固定指标销售惠方卷而饱受批判的通常是加盟店。作为便利店店长，对兼职员工下达销售配额，或强迫他们大量购买自家店商品的做法固然不可取，但加盟总公司又何尝没有责任呢？

根据我过去经营便利店的经验，首先是总公司给各个加盟店下达订货指标，采购惠方卷、圣诞节蛋糕这种季节性商品。即使订单数不合理，总公司也会以"其他门店都订了这么多""不希望看到同比下降"等话术来强迫加盟店下单。为了达成目标，总公司还会派人到各个门店进行引导，甚至为此专门制作了发放给门店。

问题在于，店长不能对此表示拒绝。如果抗议，总公司就会认为他们"不听话，不配合"，并可能会成为将来拒绝续签合同的借口，因此店长们只能被迫接受。最后，店长被夹在总公司、店员与消费者三方之间，简直"三面不是人"。

每当配额问题被公之于众时，总公司都会大言不惭地表示"这只是指导加盟店而已"。然而总公司才是最该进行反思的一方。我们希望国家能够了解实际情况，从保护加盟店的立场出发，作出适当的引导。

服务过剩社会·日本

曾经有位便利店的兼职店员在社交平台上发图揭露"店里强迫我销售固定配额的惠方卷"，并在社会上引发了强烈反响，我对此也格外关注。自从 2012 年揭露过呼叫中心的工作环境中存在的问题①后，我始终在思索一个问题，即日本服务行业应该以怎样的形式存在。日

①　本书作者之一仲村和代曾撰写过名为《呼叫中心：过度服务现场实录》的书，揭露了呼叫中心残酷、非人道的职场环境，并对出现该现象的深层原因进行了分析。

本是一个十分注重服务的社会，也因此，日本对服务行业工作者的要求非常高。"顾客就是上帝"这句话已经深入人心，有时即使顾客提出蛮不讲理的要求，商家也会想方设法满足。长期加班与过劳死的现象，也许正是服务行业无节制竞争的恶果。

随着采访的不断深入，我越来越感到 24 小时营业这一工作制度是一个回避不开的问题。从顾客的角度来看，没有什么比一间商品齐全，全天营业的商店更能令人欣慰的了，然而代价就是有人正在为此而牺牲——便利店正是这种制度的推广者。

当我向近藤先生表达了对这些问题的看法后，他慷慨地表示可以接受我的采访。

近藤先生原本是一名上班族，后来有意独立经营，便将目光投向了便利店。当时他一边学习，一边打好几份零工，2001 年，他终于在神奈川县经营起了属于自己的便利店。

刚刚开始营业时，他就遇到了许多难以接受的问题。店长虽然是加盟店的管理者，但在制度上却无法违背总公司的方针政策，甚至得不到身为一名劳动者所应有的权益保护。

例如，近藤先生认为店里的利润能够满足生活需求便足够了，因此申请能在客流量稀少的夜间关店。然而总公司却不理会他的要求。当他质疑店里废弃的商品过多这一状况，并为此而接受电视台的采访后，总公司还以"未经许可接受采访"为名，要求他写了一篇书面检讨，并威胁说如果再不老实，就要解除合同。而对于加盟商来说，合同终止就等于是断了收入。

为了改善经营环境，近藤先生依然不断向总公司提出自己的意见，然而在 2013 年 8 月合同到期后，他随即失去了便利店的经营权。

"销售配额"与"员工内购"

回忆起经营便利店的日子，近藤先生认为，最不合理的就是季节性商品的"配额"问题。圣诞节蛋糕、年菜、年终礼、年中礼①和惠方卷是便利店企业的五大主力商品。每到这些商品的出售季节，他都要面临着巨大的订单压力。

"有些店长在经营的第一年不太懂行，总公司派来的代表让订多少，他们就订多少。比如说惠方卷，一下子订了100根。可这个销售目标本身就不合理，最后连一半都卖不出去，出于无奈，店长只好自费购买掉其中一部分。……到了第二年，总部给店里下达的目标不是根据上一年的实际销售情况，而是根据头一年的订单数制定的。而且目标当然不会仅仅和去年一样，要在此基础上提高10％到20％。他们连去年的份额都完不成，今年就更不用说了。然而当店长这样解释后，总公司的代表却只会对他们说'请尽力而为'，或者'总之还是试试'。其实总公司的代表同样承受着上级的压力，他们也无权减少订单。"

在这种情况下，"员工内购"应运而生。尽管并非配额，纯粹出于自愿，但总公司还是会"请求"加盟店这样做，一旦遭到拒绝，就会以合同到期后终止续约相威胁。

尽管店长逼迫兼职店员购买商品的现象在网上屡屡曝光，不过近藤先生表示，是否强迫员工购买，决定权还是掌握在店长手中。

"为了说服店长，总公司的代表有时也会表示'我自己也买了十根'。大多数店长最后都只能含泪接受总公司的代表提出的订单数。不过要是遇上我这样的店长，要抹眼泪的恐怕就是总公司的代表了。"近藤先生苦笑起来。

关于惠方卷的起源存在诸多说法，但通常认为它源于关西的习俗，并于上世纪90年代在便利店的宣传下推广至全国。据说"只要

---

① 依照习俗，日本人在年中也会向平时关照自己的亲友、上司、客户、师长等人赠送礼品，表达感谢之情。由于"年中礼"是在夏季赠送，因此很多人会选择充满清凉感的点心和啤酒，或者有益于健康的保健品、肉类、水果等。

冲着那一年的'惠方'（带来好运的方向）一言不发地吃完整根寿司卷，就能获得好运"。我初次听说惠方卷是在京都读书的时候，当时老家的朋友告诉我"我们家老早就这么做了"。不过我记得当时很多人都是在家里做着吃，超市和便利店是没有卖的。然而在不知不觉中，便利店在年后开始接受预订，超市和百货商店每年也开始推出自己的惠方卷，并进行大规模销售。

在《朝日新闻》的数据库中搜索后，我发现"惠方卷"一词最早出现在 2002 年福冈县版一篇不起眼的报道中，此后它在各个城市的地方版和经济版上都有出现，并逐渐生根发芽，衍生为一种传统。诚然，以记者的经验出发，我认为对这些"新传统"的关注和报道，是"新闻嗅觉灵敏"的一种体现。但如果惠方卷的强制配额给人带来苦恼，甚至导致食品遭到大量废弃的话，那就不是"带来好运"，而是要"遭受报应"了。有好几次我也想过"既然这么多商店都在卖，要不我也买一根来当饭吃吧"。然而背后的真相却总令我心里不是滋味。作为一名媒体人，我希望大众能够了解行业的真实状况，同时也反思一下自己是否助长了这如火如荼的商战之风。

"不存在强制配额问题"

大约从 2018 年年初的时候起，我在社交平台上开始关注是否存在商家强迫店员使用不合理方式销售商品的问题。不过与上一年相比，这样的内容有所减少。

与往年一样，便利店的店头依旧贴出了预约惠方卷的海报，总公司恐怕也依旧会对销售额的增长提出要求。我猜测，或许是总公司对社交平台上的内容进行了干涉。

我和一些便利店的工作人员进行了交流，在千叶县一家便利店内工作的大学生说，"没有人做强制配额"。他表示，由于自己工作的便利店位于住宅区内，附近没有其他竞争对手，所以商品卖得不怎么费劲。店长同时经营好几家店，有时会把其他店里卖不出去的商品拿到这里出售，它们通常也会很快售完。

一位曾在神奈川县的便利店内打过工的大学生表示，去年惠方卷大量滞销的时候，店长问过他"要不要买点回去"，但没有强迫。卖圣诞节蛋糕时也是如此。当时店长和经理各自自掏腰包买了五六个回去，因为吃不了，还送了他一个。他说："经理告诉我，每个片区都在竞争销量，所以负责该片区的员工会通过自费购买的方式增加销量。"

还有位70多岁的女士，她曾经做过十几年的兼职店员，并且担任过店长的职务。她告诉我："对惠方卷的大力宣传差不多开始于七八年前，而火爆起来的时候差不多在五六年前。"那会儿虽然还没做到强制配额的份上，但她们也干过给顾客发放传单并大力推销的工作。"不得不承认，最近便利店里出售的惠方卷味道的确不错，有不少原本不吃的人也打算买来尝尝了。"她说，"听说其他品牌便利店里确实存在严重的强制配额问题，搞得店员都很为难，可我想不通究竟为什么要这样做。"

正如曾经做过便利店店长的近藤先生所说过的那样，不同的便利店对"强制配额"的态度似乎存在着很大的差异。

大型便利店企业正式员工的证词

最后我终于寻找到一个肯为"惠方卷强制配额现象"作证的人，他是一家大型便利店企业的正式员工，如今被调动到西日本的一家分店里工作。

去年这家店订来的惠方卷连200根都没卖到，却被安排了这个数字的5倍，即1000根的销售指标。这家店里的惠方卷平时每天只能卖掉8根左右，搞活动时才能勉强卖出去100根。这位员工表示："我实在不认为这家分店能把指标卖完。"他发给我一张在便利店办公室里拍的照片，只见屋内贴着一张预购分配表，上面写着 8 个店员的名字，以及每个人需要拉来的预购数量指标。店员们的指标多的在 50 根以上，少的也有 10 多根，即使有部分惠方卷通过预购以外的方式贩卖，每人也要拉来 100 多个预购，才能完成原定的销售目标。而且上头的领导还对他说："要是完不成指标，你就等着被调走吧。"

"数量如此庞大，又怎么能卖得完呢？我之所以进入这家公司工作，是为了能让顾客满意，如果只是为了自我满足而被迫销售产品，实在是太令人泄气。"在接受短短 15 分钟的电话采访时，这位只有 20 多岁的员工不禁深深地叹了口气。

节分日过后，我再次联络他，向他询问状况。他告诉我，订来的 1 000 根惠方卷有四成没卖出去，他自掏腰包购买了 40 根，但未能售出的商品的价格依旧高达 18 万日元。随后他给我发来一张照片，照片里是他自费购买的，装在箱子里的 40 根惠方卷。

大型便利店企业否认强制配额现象

为什么要采取这样的销售方式？我向 7 - 11、全家和罗森这样的大型便利店企业提出了采访申请，但它们都无一例外地否认了存在强制配额现象。此外它们也以无法准确把握数量为理由，拒绝回答有关食品废弃量的问题。说到底，它们甚至从未公布过产品的销量。

我隐约觉得，便利店与超市对商品的把控应该更加严格。尤其是便利店，即使外行人也能看出，应该会根据门店所在的地区和时间段，预测到什么样的商品在什么时间段内会更容易销售。像盒饭这种保质期只有一天的食品，每天都会多次供货。每到中午，货架上的商品都会被清理一空。伴随着 IT 技术的发展，基于大数据的预测将来只会更加精准。然而在分店向总公司下订单时，为什么还要多订那么多食品，以至于根本销售不完呢？真是令人百思不得其解。

一位便利店行业的知情人士指出，背后的原因可能在于便利店独特的会计记账制度。有关这方面的具体内容，我会在下文中详细讲解，但是就便利店而言，无论商品能否售出，已经订来的商品成本都只能由店方承担。也就是说，这些商品即使遭到废弃，总公司也没有任何损失。尽管便利店的销售额主要取决于开店的地段，但季节性商品仍然是刺激销量的一针强心剂。

惠方卷竟是沟通工具？

尽管难以采访到便利店总公司的员工，但所谓的"局外人"或许也能与我同样意识到问题所在。带着这样的想法，我对一位曾在知名便利店企业工作，后转入大学工作的教授进行了采访。"先说结论。惠方卷其实并没有被浪费，它们已经在网络上起到了娱乐和引发话题的作用。"这是他对我说的第一句话，那语气听上去不容置疑。

"便利店下多少单，总公司就发多少货。店里不会去订不打算销售的商品，因此不存在所谓的卖不出去。"这是他给我的理由，"惠方卷的单价本来也不算高，就算增加了部分销量，也带不来多少利润。为了销售惠方卷而去逼人购买，根本没有任何好处。"

那么如此大费周章地去销售惠方卷，他们的目的究竟是什么呢？"是为了与顾客沟通。"教授表示，"销售惠方卷的初衷是为顾客祈福，向顾客推荐能够带来福气的商品。"这样做就会引发"今年带来好运的方向"这一话题。卖出去多少商品其实并不重要，重要的是过程。商品的售出不过是结果，取悦顾客才是真正的目标。事实上在公司里，确实有不少员工对各地的便利店里制作销量纪念章或津津乐道于举行促销活动的事。

一直以来，我都以为便利店只不过是挑选并购买商品的地方，却没意识到他们的心里还怀有这样的想法，不禁有些心生歉意。然而在现实中，公司却把过高的销售指标强加给店长，为了达到目标，有些人甚至被迫自费大量购买商品，更别说还有那么多食物惨遭废弃了。

我向教授说明了自己的想法，并询问他如何看待此事。"或许有一部分门店是这样的，不过也只是极少数。"教授终于表示，"只有存在问题的分店里才会发生这样的事。"听他的语气，就像是在表达"只有坏学生才会没出息"的观点一样。

"任何商品都要把控销售目标。惠方卷是预售制商品，因此与其说有强制配额，不如说那是早已制定好的目标。无论兼职员工还是正式员工都会表示'今年一定要努力，把商品都卖出去'。只是有人会误以为这是要强制完成的指标罢了。

"事实上与刚刚推出那时相比，如今的惠方卷在各式各样的店中都有销售，因此也变得更不好卖了。随着时间的推移，'与顾客分享福气'的初衷从门店的层面来讲或许也在逐渐消逝。一旦失去了这层概念，就只剩下单纯的机械劳动了。尽管在上世纪 90 年代，店员之间普遍存在一种'支持销售活动，扩大销售规模'的风气，然而这股风气如今已经不复存在，不禁令人唏嘘。

"不过即使是现在，在我探访各个店铺时，也有不少人在积极工作，自觉制订销售计划，或是想要在店里制作销量纪念章。这就是便利店的潜力所在。在优秀的分店里会形成上下一心的氛围，即使不强迫，为了达成销售目标，店员们也会自愿购买。"

的确在一些便利店里，店长与店员上下一心，在当地社区的支持下，成功地提升了惠方卷的销量。然而在有些店里，店长将这样的理念抛诸脑后，以"上下一心"的名义强迫店员购买商品，却也是不争的事实。为了达成销售指标，不惜让员工自掏腰包，也难怪会被人骂作"吸血企业"。此外，除了那些上夜班的店员之外，几乎所有员工的薪资都仅仅达到当地最低薪资标准。而且他们要做的工作不只是收银，还要负责送货、代缴公共费用、商品入库、制作各种副食配菜，最近又陆续加入了帮客人制作咖啡等工作。据说即使是兼职员工也要给自己制定工作目标，完成大量工作，其繁杂程度丝毫不亚于正式员工。无论如何，他们需要承担的压力都实在太大了。

我同样就这件事询问了教授的看法，然而他还是洋洋洒洒地聊着受过公司表彰的那些分店的"美谈"，强调着它们的重要意义。直到最后，我们的意见也没能达成一致。

即使向总公司管理层提起这些，他们可能也只会觉得"仅仅在经营不善的分店里才会出现这种问题"。

事实上，我自己也是每天都在享受着便利店带来的好处。在我外出采访或旅行中缺这少那的时候，常常都要靠便利店救急。尤其在我单身的那段日子里，即使工作到再晚，便利店也不会关门，为我带来了一丝安全感。然而如果它的运作模式是建立在对劳动者百般刁难的基础上，那么在享受便利的同时，又怎能不令人心生愧疚呢？

便利店如今已经是人们生活当中不可或缺的一部分，也备受人们的珍视。然而如果不思进取，不去求新求变，那么它还能够在这个全球化的时代中生存下去吗？

为什么只责怪惠方卷呢？

那一年我撰写了一篇文章，提出了关于惠方卷废弃与自费购买的问题，那篇文章在节分日的夜里刊登在《朝日新闻》的电子版上。文章发表后，我心里惴惴不安，因为我不知道大众对此会有着怎样的反应。然而得到的回应却远远超出我的预期。惠方卷被粉碎机渐渐吞下的视频引起了巨大的轰动，并在社交平台上迅速传播开来，多家电视台都来向我申请那段镜头的使用权。

这样的反应，是否会有助于杜绝废弃行为呢？我放不下心来，便于次年，也就是2019年与一位年轻记者共同对惠方卷问题进行了后续跟进报道。在跟进过程中，我们发现一些现象已经有所改变。1月中旬，日本农林水产省与日本超市协会、日本特许连锁经营协会等组织共同下发了"关于有效利用宝贵粮食资源"的文件，呼吁商家根据大众需求进行销售活动。大学生们也将惠方卷浪费问题捅到网上，并举办了以"杜绝惠方卷浪费"为主题的签名活动。

与去年相比，日本食品生态中心所接收的废弃食物有所减少。但也不能否认，有可能只是因为电视台在节分日前播出了惠方卷浪费问题的特别节目，便利店才将本应运到这里的食品改运往其他工厂处理罢了。事实上，长期关注食品浪费问题的记者井出留美女士与几位大学生在超市、百货商场和便利店即将关门的时候进行了调查，发现在不少店里，未能售出的惠方卷都有将近 500 根。井出女士在分析中指出："与往年相比，今年的状况并未发生明显改变。"

据一位便利店相关负责人说，由于惠方卷的浪费问题引发了人们的关注，与去年相比，店里的销售额下降了 10％到 20％。与我谈话时，他无意间抱怨了一句："其实平日里饭团的浪费程度和惠方卷差不多，为什么光是盯着惠方卷不放呢?"

他说得没错，问题不单出在惠方卷身上。

食品浪费每天都在发生，这一问题也同样出现在圣诞节蛋糕之类的季节商品上。我之所以将视线聚焦在惠方卷上，正如上文所说，是因为它既涉及劳动问题与整个服务业的症结，更是一种诞生于新型商业活动之中的"人为创造的习俗"。它们并非生活必需品，因而能够引发更多读者的同感，让他们认识到"这样做真的很浪费"。或许会有人批判我的报道煽情做作，但如果不去吸引大众的目光，不让更多的人阅读到相关内容，问题就永远不会得到解决。为了让惠方卷不被"独自抨击"，我希望食品浪费问题本身能够得到更多的关注，相信许多读者能体会到我的想法。

"三方得利"与"恰到好处"

自从开始 SDGs 相关的采访后，我便常常能够听到"三方得利"

这一说法。这是过去出自近江商人①的经验之谈。贯彻这种理念的贸易能让卖家、买家和社会三方感到满意，进而为社会发展做出贡献。它与SDGs的理念相近。即便是在如今这个全球化时代，这样的理念也非常重要。不，应该说正因为我们身处如今这个全球化时代，这样的理念才显得更加重要。

这种理念并不鼓励一味扩张，而是"恰到好处"，并将有益的事物与他人分享。若是企业能够时刻保持这样的态度，我想应该就不会出现惠方卷遭到大量废弃的问题了。对劳动者来说，这想必也是一个能让自己更加轻松的选项。

那么，我们这些消费者又该如何呢？一位便利店店长曾经这样向我倾诉："当货架上的饭团越来越少时，就会有顾客向我抱怨：'怎么就只有这点儿啊？'可是他就算买，也顶多只买一两个，而且无非是挑梅干或鲣鱼干这种比较经典的口味。只不过'在琳琅满目的商品中挑选'已经成为了顾客所习以为常的行为。一旦无法得到满足，许多消费者就会感到不满。为了迎合顾客的感受，商家明知会发生浪费，也得多准备些商品以供选择。"

这倒也是，挑选是一种乐趣。然而要问消费者的这种需求究竟有多迫切，可能大多数人只会在某款产品缺货的时候感到"失望"，过几天就会把这件事忘得一干二净了。大部分消费者甚至意识不到这一需求，店家却要为了满足这一点而大费周章。而这种现状就导致了日常生活中大量的食品被浪费。

在这背后，则是零售行业经营模式的问题。我将在下一章节中对此进行详细介绍。

---

① 近江商人，指日本中部地区最大的湖泊琵琶湖周边地区的商人，他们在家训中所体现的商业伦理在现代经营中堪称典范。松下幸之助、堤义明等著名企业家均为近江商人的后代。

2　食品浪费问题研究专家井出留美女士的观点

文：藤田皋月

一切源于"3·11"

所谓的食品浪费，指的是"依然能够食用的食物被废弃"的问题。

井出留美女士是一位长期关注食品浪费问题的记者，她独立采访并撰写的报道通常会发表在雅虎新闻网上。她所涉及到的题材相当广泛，例如在匿名座谈会上，便利店店长提到将压坏和卖相不好的苹果当苹果酒的原料、拥有显示食品保质期功能的新技术冰柜……而且几乎保持每日更新的频率。因此作为一个下笔迟缓的人，我（藤田）一直对她由衷感到敬佩。她还经常前往意大利、菲律宾等地进行实地采访，对其他国家的最新政策动向和减少浪费的措施都了如指掌。

2016年秋天，我初次见到了井出女士。

序言中提到，国谷裕子女士与我们于2017年1月起开启了关于SDGs的项目。而我们发表的第一篇报道的主题就与食品浪费问题有关，这是因为我们希望能在第一期里展现一个与读者切身相关的问题。我们想了解食品浪费问题最前沿的信息，为此在去食品处理的现场采访之前，首先与井出女士进行了数次对话。

当时的井出女士奔波于全国各地的大学、企业和市镇村进行演讲，十分忙碌。好不容易抽出空来与我在东京站站内的一家咖啡厅见面时，她正在出差返回的途中，手上还拖着一个行李箱。当时的井出女士想必十分劳累，但我记得她还是接受了我将近两个小时的采访。她向我提供了许多有价值的信息和建议，包括对食品银行与各种食品处理厂的采访经验，以及当时的行业内部所实施的各种举措。包括出现在上一章里的惠方卷回收工厂日本食品生态中心的信息，也是井出女士提供给我们的。

先简单介绍一下井出女士的经历。她曾在外资食品公司家乐氏（日本）中担任公关部部长，同时负责食品营养及社会公益方面的工作。2011 年 3 月 11 日大地震发生那天，正好也是她的生日。公司开展了支援灾区的行动，她也被派遣到灾区给灾民发放食品。然而在这期间，她目睹了大量援灾食品还没送到灾民手中就遭到抛弃的一幕。这段经历直接导致她后来离开公司，成立属于自己的事务所"office 3·11"，并投身到解决食品浪费问题的事业当中。在日本第一家食品银行日本二次收获做了公关方面的工作后，她又在东京大学研究生部的农业生命科学研究院获得了农业硕士学位。2016 年，井出女士将自己的采访记录与研究成果整理为《保质期的谎言：食品浪费现象为什么会发生?》（幻冬社出版）一书。此外，由于发表的多篇报道拓宽了人们对食品浪费问题的认识，2018 年，她从"雅虎新闻"的约 600 名作者中脱颖而出，获得了"2018 作者大奖"。迄今为止，该奖项曾颁给社会活动家汤浅诚[1]、记者江川绍子[2]等多位著名作家。

食品浪费是日常生活中经常发生，而且每个人都十分熟悉的问题。不过许多浪费现象也是由食品行业的商业惯例与日本的各种时令活动所引发的。食品浪费可能引发全球范围的环境破坏与气候变化，属于一个普通并复杂的问题。日本每年的食品浪费量高达 644 万吨（2015 年推算）。此外据联合国粮食及农业组织统计，全世界每年有 13 亿吨食品，即食品产量的三分之一遭到废弃。但是另一方面，世界上每 9 个人中就有 1 个人饱受营养不良之苦。基于当下问题的严重性，

---

[1] 汤浅诚（1969—　），东京大学大学院法学政治学研究科博士。毕业后长期投入社会运动，关注贫穷、失业等议题。其探讨贫困问题的著作《反贫困》出版后震撼了整个日本社会，并荣获"大佛次郎论坛奖""和平协同新闻基金奖"等多项大奖。

[2] 江川绍子（1958—　），毕业于早稻田大学政治经济系。1989 年起开始专注于奥姆真理教的追踪采访，著有《追踪奥姆真理教的两千两百天》（文艺春秋，1995）、《名张毒葡萄酒杀人事件：第六个牺牲者》（岩波现代文库，2011）等作品。1995 年因一系列有关奥姆真理教的报道而荣获"菊池宽奖"。

SDGs 提出了"截至 2030 年，将人均废弃的食品数量减半"这一目标。

为什么会有如此大量的食品遭到废弃？我打算根据 2018 年 10 月对井出女士的采访内容来向各位读者介绍食品浪费这一问题在日本产生的原因及社会背景。

井出女士的观点①——每人每天都浪费了一碗米饭

日本每年产生的食品浪费量约为 646 万吨。平均下来，相当于每个人每天都在倒掉一碗米饭。

节分日及土用丑日①、圣诞节、情人节、新年、赏花季……每当逢年过节，零售店或是食品公司总会大量丢弃如惠方卷或鳗鱼这样的季节商品，因为像是节分日或圣诞节这样的日子只要一过，惠方卷和圣诞蛋糕这样的商品就很难卖得出去了。

季节商品的销售之所以会如此频繁，与日本的国情也不无关联。另一个重要的原因是，一旦某种商品有了"传统习俗"的名号，就可以有力地起到促销作用。我也经常去国外采访，却没见过哪个国家有着像日本这么多的季节商品。当我在食品银行工作时，发现那里总是会收到大量的圣诞节蛋糕与冷冻的年菜。有时候甚至圣诞节还没到，蛋糕就先成批运来了。之所以会出现这种情况，或许是商家在生产途中下调了预期销量的缘故。

井出女士的观点②——错失销售机会

为什么食品行业会出现如此严重的浪费现象？我认为其中一个重

---

① "土用"指在一年中的"四立"（立夏、立秋、立冬、立春）这四个日子每个日子前面的大约 18 天，但通常情况下说到土用大多数指的是夏天的，也就是立秋之前的土用。"丑日"是指每 12 天一轮回中的第二天。同时符合"土用"与"丑日"条件的日子即为"土用丑日"。因为夏秋之交的"土用"是一年之中最炎热的时期，总是让人感到无精打采，而日本人认为吃鳗鱼则可以补充精力与体力，因此夏季的土用丑日也被定为日本的鳗鱼节。

要的诱因是"错失销售机会"理论。

在超市、便利店这样的零售店里，如果某样商品售罄，那么"打算购买这件商品"的顾客要么会去其他商店，要么放弃购买这件商品。无论哪种情况，店家都会失去向消费者销售产品的机会，从而损失利益。这就是"错失销售机会"的理论。

为了防止这种现象发生，店家的心态就会渐渐发生转变，认为"我要多生产多制造，与其不够卖，宁可做了扔掉"。在这样的背景下，某些因迟交货或少交货，导致店里缺货的食品工厂会面临罚款甚至断绝交易的处罚。在这种情况下，即使工厂根据实际情况制订生产计划，为了避免缺货，还是会适当多生产一些商品作为缓冲。最后，工厂会将这些多出来的食品算入成本之内进行报废。

井出女士的观点③——"便利店记账法"与"销售有效期"

存在于日本食品行业的诸多商业习惯，同样是造成食品浪费的原因。

在便利店行业里存在一种独特的财务计算方法，被称为"便利店记账法"。它对大量浪费的现状同样造成了巨大的影响。

在一般情况下，经销加盟合同中的记账方式，是用销售价减去进货时的进货价，剩下的利润根据合同上约定的比例，由加盟店店长与总公司进行分成（见图4）。

然而当使用"便利店记账法"进行计算的情况下，卖剩后废弃的盒饭等商品的进价，不会被计入进货价继而放在利润分成当中计算。这样一来，废弃的食品越多，进货额越少，利润越高，总公司得到的利润份额也就越高。而便利店店长则需要承担废弃食品的成本，从而减少了利润。

便利店的各家门店都要向总公司订货。曾经接受过我采访的一位便利店店长表示，正因为"错失销售机会"理论与"便利店记账法"的存在，总公司才更倾向于让各家门店尽可能订更多货。与降价销售

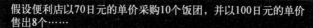

假设便利店以70日元的单价采购10个饭团，并以100日元的单价售出8个……

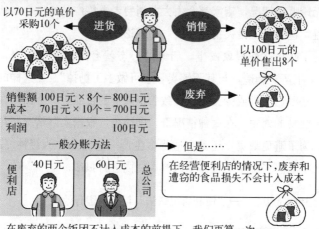

以70日元的单价采购10个

进货　销售

以100日元的单价售出8个

废弃

销售额　100日元×8个＝800日元
成本　　70日元×10个＝700日元

利润　　　　　　　　　　100日元

一般分账方法

但是……

便利店　40日元　60日元　总公司

在经营便利店的情况下，废弃和遭窃的食品损失不会计入成本

在废弃的两个饭团不计入成本的前提下，我们再算一次……

销售额　　　　100日元×8个＝800日元
成本　70日元×10个－70日元×2个＝560日元

利润　　　　　　　　　　240日元

总公司会抽取60%利润的授权加盟费……

便利店

按照一般的财务方法计算，便利店应得40日元，然而现在是96日元

咦？

按照一般的财务方法计算，总公司应得60日元，然而现在是144日元

很好！

总公司

店长废弃了两个饭团，因此要承担70日元×2个＝140日元的成本损失
96日元－140日元＝－44日元

亏损?！

来源：由编辑部根据参议院议员、日本共产党党员辰巳孝太郎所发布的资料整理而成

图4　便利店记账法

相比，废弃滞销商品更加符合总公司的利益。每家门店的订货量必须要超过上一年的销售额，而且总公司对每家门店的商品量了如指掌，因此一旦店里缺货，总公司就会督促门店尽快下单。

此外对于便利店来说，在安全食用期与保质期①之前还有一个"销售期"的说法。因此在许多店里，盒饭或面包在到达消费期限的两三个小时前就不能再提供给顾客了。2018 年 7 月，西日本突降暴雨。由于道路损毁，总部送来的商品延迟。商品入店后，部分店长不得不从里面挑出那些距离销售期只剩一个小时的盒饭与面包全部丢弃。

有人曾经感叹"如果完全按照总公司的吩咐进行订货和废弃，那么一个月光是废弃的商品就值 100 多万日元"。而在总公司对某些店长进行培训时会告诉他们，"每个月废弃商品的价值在 60 万日元上下是较为合理的"。

其实，为了收回成本，临近保质期的食品是完全可以做降价处理的。但由于这种做法会减少总公司的利润，因此受到了一部分便利店企业的限制。2009 年，公平贸易委员会对规模最大的便利店运营商日本 7 - 11 发布禁令，不再允许它禁止加盟店降价销售商品的行为。此后，7 - 11 开始允许门店降价销售商品，且由总公司承担 15％因废弃而导致的损失。目前，尽管具体数字有所差异，但基本所有便利店企业都会由总公司承担 15％到 20％的废弃损失。

不过依然有店长表示"想要降价销售并不容易"。因为店长要与总公司签订加盟合同，与总公司相比，店长处于弱势地位。在遭到终止合同的威胁时，店长很难违背总公司的意愿。根据土屋十胜所拍摄的纪录片《便利店的秘密：便利与舒适生活的幕后真相》（2017）来看，真正能进行降价销售的便利店还不到门店总数的 1％。不过从 11

---

① "安全食用期"指的是食品可以安全食用的期限，而印在食品外包装上的"保质期"则是指能保持食物原味和品质的最佳食用期限。

家店铺收益表的调查结果表明，降价销售的做法的确减少了浪费，还使门店的年销售额提升了约 400 万日元。

一位部委官员在谈到"便利店记账法"时表示："我们同样认为这种做法应当叫停，然而这是众多大型便利店企业的惯习，想要改变现状会遇到巨大的阻力。"我采访过的一位店长也说过："我已经数不清自己迄今为止究竟丢弃过多少食物了。"他对自己的行为极为自责，甚至因此心情抑郁而抽泣不止。食品遭到大量废弃的现状固然需要改变，然而像是"便利店记账法"这种压榨便利店劳动者们的不平等条约，更是应当立即加以改正。

井出女士的观点④——奇特的"三分之一法则"

与便利店不同，超市拥有能够烹饪副食及配菜的后厨，能够根据客流量来调整商品的供应量。而且在超市里，降价销售也很常见。可是从另一方面来讲，超市行业同样有一个会造成食品大量浪费的商业惯习，那就是"三分之一法则"。

这是存在于食品行业的一种奇特的商业习惯，指从生产到食品过期为止，中间的时间被均分为三段，前三分之一为"交货期"，中间的三分之一为"销售期"（见图 5）。

尽管被称作"法则"，但它却并非出自什么法规政策，单纯是行业内部自发产生的规矩。举例来说，一种保质期为 6 个月的零食，其生产商或批发商必须在商品生产后的 2 个月内将零食交付给零售商。同时零售商必须在商品生产后 3 个月内销售掉该零食，否则便要将其下架。被下架的零食即使离过期还有将近 2 个月，也会被退回到生产商或批发商手中进行废弃处理。这些食品退回后可能会被低价转让给零食折扣店，但绝大部分还是会遭到废弃。由于各种原因而未在"交货期"内送到零售商手中的食品，同样会遭到废弃。据流通经济研究所估计，由于交货期和销售期的存在，每年有价值高达 1 235 亿日元

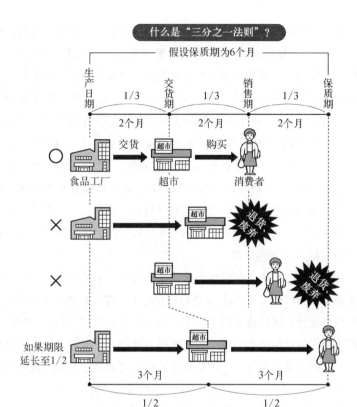

来源：《朝日新闻》2018年9月28日晨报

图5　三分之一法则

的食品未经销售便被退回。

　　类似的交货期在国外同样存在，却比日本要长许多。在美国，这个时间段是保质期的二分之一；在意大利、法国等国家，这个时间段是保质期的三分之二；至于英国就更久了，可以达到保质期的四分之三，比日本要宽裕得多。

　　据悉，这种规矩诞生于上世纪90年代的日本食品行业。当时的连锁超市为了不让过期的食品留在店内，便提前对商品进行下架处理。

尽管是行规，却也明显是一种反映消费者意识的结果。在超市里购买牛奶或豆腐时，你有没有过从货架靠后的部分拿走商品的经历？在超市的货架上，保质期剩余较短的商品会摆放在前面，较长的商品则摆放在后面。许多日本人都觉得"花同样的钱，自然是越新的越好"。我曾在一次演讲中对在场的 1 622 名观众进行现场调查，其中88％的人表示自己有过"从货架靠后的部分拿走商品"的经历。

2012 年 10 月，食品行业与国家共同成立工作小组，致力于对"三分之一法则"进行修订。2017 年 5 月，经济产业省与农林水产省向食品行业发出共同通知，要求放宽饮料和保质期在 180 天以上的零食的交货期。各大公司想必是这一政策的推手，但这也确实为减少食品浪费做出了宝贵的贡献。

此外还有一个关于交货规则的变动，过去通常情况下，食品的保质期都必须精确到"年月日"，不过如今对于无醇饮料和罐头食品，各大厂商已经开始仅仅精确到"年月"了。这是因为业界存在一种惯例，生产商给零售商所运送的每一批货物都不能比上一批货物的生产日期更早。有的时候只是因为送到零售商处的货物颠倒了日期，晚送的那批食品就要遭到处理。而政策实行后，据麒麟酒厂估算，每年可以减少250 吨商品废弃量。不过，尽管国家允许保质期超过 3 个月的食品可以只精确到"年月"，但与过去相比，能够满足条件的商品依然十分有限。

我曾向 800 名拥有超市工作经历的人发放过调查问卷，有人在问卷中提到"超市废弃生产商样品的做法令我无法接受"。超市要管理数量庞大的商品，而生产商为了得到订单，会将许多商品的样品带来超市展示，因此这些样品很难得到妥善处理。

井出女士的观点⑤——将"减少垃圾产生"放在首位

近几年来，解决食品浪费问题的时机已然成熟。一些商业习惯得到重新审视，基于天气状况的商品需求预测系统得到推广，一种食品接近安全食用期和保质期时自动给商品降价的系统也进入了实践验证阶段。除此之外，对食品的"回收"和"再利用"也备受关注。例如在回收领域存在利用废弃食品生产猪饲料，或是利用废弃的乌冬面发酵所产生的沼气进行发电等新奇的处理方式。而在再利用领域，食品银行与食品募捐等将依然能够食用却面临废弃命运的食品捐给贫困家庭的活动也越来越广为人知。

对于那些不可避免的食物损失，回收和再利用或许是一种行之有效的对策。然而在回收再利用的过程中，依然需要消耗大量的水、能源和人工成本，在运输过程中也会消耗大量汽油。与此同时，从食品生产商和其他渠道送来的食品数量过多，食品银行也面临着如何处理的难题。

此外更令人担心的是"反正浪费掉的食物可以拿去回收"这样的观念的蔓延开来。因此我认为应当首先考虑的，依然是从源头处少生产垃圾，即"减少浪费"（Reduce）。为了达到这个目的，我们必须重新审视大量生产的行为，将食品过剩现象扼杀在萌芽状态。当然，消费者也必须接受商店可能会缺货的状态。在从根本上减少了遭到浪费的食品后，其次才考虑"再利用"（Reuse），最后才是"回收"（Recycle）。

在这方面，欧洲的处理模式较为先进。在意大利的皮埃蒙特州，食品浪费的应对措施中不包括回收，仅包括减少食品浪费和食品再利用两项，而且优先提倡减少浪费。生产面食的意大利百味来公司也表示优先"减少浪费"，其次是"再利用"，最后才是"再分配"（Redistribute）。再利用是指在公司内部对食品进行有效利用，在此基础上，如果需要处理的食品过多，则进行"再分配"，将它们捐赠给食品银行。

井出女士的观点⑥——借助消费者的力量改变食品行业

此前一直在以食品行业的措施为中心来谈论这个话题，但我认为无论"错失销售机会"理论还是"三分之一法则"，其本质都是在顺应顾客，也就是消费者的意愿。反过来说，如果在店里缺货的时候，消费者能够表示"既然商品受欢迎，那我明天早点来买"，或是在购物时想着"反正很快就要吃了"，继而选择货架上靠前的商品。那么食品行业也一定能感受到消费者意识的变化。

此外我还希望消费者能了解到，食品行业废弃食品所产生的成本，其实依旧要由我们承担。尽管食品企业产出的"工业废弃物"会由他们自己出资处理，但企业之外的便利店、超市和餐饮店所产出的"商业废弃物"则需要花费政府的财政资金（即我们的税金）进行焚毁。

在日本每年浪费的食品当中，有357万吨来自于食品行业，289万吨来自家庭（据2015年数据估算），占比相差不多（见图6）。其中既包括吃剩的食物，也包括临近过期而遭到废弃的食物。

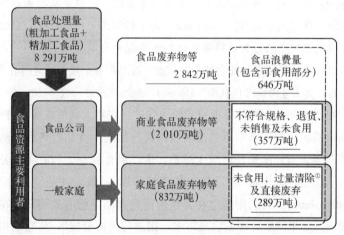

来源：消费者厅消费者政策科《减少食品浪费相关参考资料》
（2018年10月29日版）
资料：农林水产省、环境省（2015年度推算）

图6　食品废弃类行为现状

① 指家庭对食物进行处理时导致的浪费行为，例如在给果蔬削皮时去除掉一些原本可供食用的部分。

2018 年 6 月，政府首次制定了在 2030 年前，将家庭产生的食品浪费减少 50％的目标。如果每一位消费者都能将珍惜食物的观念牢记于心，对减少食品浪费来说将会产生重大意义。

为了减少食品浪费

为什么日本的食品浪费现象如此严重？拥有丰富采访经验的井出女士的回答十分简洁明了。一方面，食品行业将销售额的提升当成头等大事，同时为了避免顾客投诉及索赔，倾向于大量废弃生产过剩的商品。另一方面，消费者的心理也同样对现状产生了一定的影响。看来消费者与废弃问题严重的服装行业之间的关系构架，同样也存在于食品行业当中。

为了减少食品浪费，井出女士表示："最重要的是减少浪费本身，其次才是回收再利用。"在下一章节中，我们将为读者介绍解决食品浪费问题的具体措施。

我想从一个面包师的故事讲起。他每天不辞辛苦地制作面包，却总有一部分要被迫废弃。为了打造一家"不扔面包的面包店"，他尝试着在"减少废弃""减少工作时间"与"减少执拗"等方面发起了挑战。

第六章　创造没有食品浪费的世界

1　决心不再丢弃面包——面包店的故事

文：藤田皋月

相遇

香喷喷的烤面包味道不断从石窑中传出。

石窑的温度缓缓下降，里面那些沉甸甸的、直径约 30 厘米的法式乡村面包的表皮逐渐增厚、颜色逐渐加深，同时散发出浓郁的香气。这里并非用薪柴，而是用事先烧好的木炭将石窑内侧加热到发白，熄火后利用窑内的余热慢慢烘烤面包。

"好，温度降到 310 度，放面包喽——"

面包师傅田村阳至对寄宿在店里的学徒工斋藤绚子喊道。

我（藤田）初次来到位于广岛市的多利安面包店进行采访时，是在 2017 年 2 月。

在上一章里，我们提到了接受采访的井出留美女士。在阅读她的一本著作时，我发现书中简短地介绍过一家"不扔面包的面包店"，不禁对此产生了兴趣。书中有句话是这样写的："一位麦农对我说，'要是你的面包卖不完，剩下的就都卖给我'。我深深地感受到了这位麦农对小麦的情怀。"

能够与生产原料的农户建立如此亲密的联系，真是令人欣慰。我顿时很想要见见这位不扔面包、人缘又好的面包师傅。

给店里去过电话之后我了解到，田村师傅烘烤面包习惯的变化，同样对他的工作与生活方式产生了影响。在电话里，田村师傅用轻快的声音对我说道："工作时间减少后，烤面包时的心情也更加愉快了。现在我每天早晨4点起来烤面包，一直干到中午。下午我会去逛逛美术馆、看看电影，这样做不仅有助于提升工作状态，还能促进夫妻关系和谐（笑）。所以说适当放松也是非常重要的。老实说，我觉得与工作相比，自己在生活上的改变更大。"

听至此处，我已经迫不及待想对他进行采访了。

若是每天都要丢弃面包……

田村家的面包店已经开了大约70年，他是家族的第三代传人。田村师傅的父亲是一位典型的小镇面包师，当时这家小小的店里总是摆满了各式各样的面包，有长面包、法式面包、夹心面包、副食面包和三明治等。

然而田村师傅过去却并不想继承这样的面包店。那时为了增加销量，父亲会做一些时下流行的面包，例如炒面面包和章鱼烧面包等。一种潮流过去后，父亲便会转而追逐下一种潮流。田村师傅认为日式面包那种"任何食物都能搭配"的特性十分"轻浮"，因此并不喜欢。在京都的一所大学就读环境学专业后，他就职于冲绳的一家NPO，从事蒙古生态旅游方面的工作。然而随着泡沫经济崩溃，他被迫返回国内。这时父母对他说："我们俩打算辞掉所有员工，独自经营这家店铺，把欠下的债务还清。"

田村师傅认为这不现实，因此决定留在店里帮忙。那时是2004年。

当时，田村师傅将多利安面包店翻修成一家时下流行的"匠心"

图 7　多利安面包店的田村阳至师傅与芙美女士

式的面包店。一切工具都由他亲手制作，面包中也不添加任何防腐剂。同时他还搭起一座石窑，开始使用天然酵母烘烤面包。店面里总是摆放着 40 多种面包，面包师、店员与兼职零工加在一起约有 10 个人。这些人手在两家门店中进行全职工作，同时还负责为两家餐馆配货。由于物美价廉、种类丰富，店里的面包立刻大受欢迎。田村师傅不得不从头一天晚上 10 点一直工作到第二天中午，中途连觉都不能睡。

"面包店生意兴隆，营业额也不断提高。我们就像一台巨大的引擎，对其他任何事都不管不顾，只是一个劲儿地运转。可是面包卖了不少，利润却并不高。我们的面包广受好评，可是店里的人却都赚得不多。这种矛盾的现象令我心生疑惑。为什么我和员工们辛勤工作，却只能换来微薄的报酬？而且当时我没有足够的时间教店员们制作面包，因此感到十分苦恼——他们在这工作了一两年，连钱都攒不下几个，继续占用他们的时间真的合适吗？"

有一天面包没有卖完，一位在店里打工的蒙古女孩吃过那些面包后对田村师傅说："头一天做的面包，今天吃也很好吃呀。"

过了几天她又问田村师傅："为什么要把面包扔掉呢？不可以送给别人吗？"

每天关门后，店里都会把当天卖不出去的面包扔掉，动辄用25公斤装的小麦粉袋丢弃一整袋面包。直到下午，田村师傅还会继续用石窑烤出新的面包，以保证货架上的面包尽可能是新鲜出炉。然而这样一来，一旦下午突然下雨，店里的客人变少，他便不得不把剩下的面包全部塞进垃圾袋里。

由于田村师傅烤制的奶油面包不添加防腐剂，丹麦酥等使用的水果也都是新鲜水果，因此无法保存到第二天。万一发生食物中毒，这家店就别想继续开下去了。与其冒这种风险，不如扔掉更加划算。他根本没想过要把面包送给别人。

"在日本，是不能把卖剩的面包送给别人的。"田村师傅这样回答女孩。

类似的事后来又发生了几次。渐渐地，田村师傅开始在心里对自己发问：

"这样的工作我能做上10年、20年，甚至让自己的下一代人继承下去吗？"

不勉强做100分的完美面包

2012年春，田村师傅暂停营业，与同样在店里工作的妻子芙美一同去了欧洲。

在一年半的时间里，他们先后在法国与奥地利的三家面包店里，以学徒工的身份"修行"。

他们所工作的最后一家面包店，是位于维也纳的名店"Gragger"。在这里工作的经历，初次使田村师傅对面包师的概念产生了根本性的转变。

当他进店工作之前，店里的老板就事先嘱咐他："早晨8点上班。"

对于面包师来说，工作应该从一大清早开始，这算得上是常识。因此田村师傅有些疑惑："难不成要工作到大半夜？"

可是刚到中午，该干的活就干完了，总共只干了四五个小时。不只他自己，所有的面包师都是如此。这不禁令田村师傅大失所望。

Gragger 制作面包的方法与日本的面包师大相径庭。在日本通常是先揉面团，放置发酵几个小时，随后切割，成型，再将其重新发酵。然而在 Gragger，面包师们仅仅是将揉好的面团分割成形，放进冰箱里面，随后就各自回家了。原料的搅拌和面团的切割也全部由机器完成。对田村师傅来说，这简直是在偷懒。店里做的面包几乎不放馅料，只在表面撒点芝麻而已。

然而做出来的面包却非常美味。

关键就在于原料。店长格拉格告诉他："店里的面包用的都是我们能够找到的最好的原料。"小麦、鲁邦种（Levain）天然酵母，以及烧木柴的石窑，都属于"原料"范畴。

"只要揉一揉，烤一烤就很好吃。这样一来，面包师可以不用工作那么长时间，顾客也能以低廉的价格买到原料上佳的面包。这就是 Gragger 大受欢迎的原因。Gragger 的面包令人们各得其所，而我也第一次在工作中找到了快乐。"

每天工作四五个小时后，田村师傅和妻子会上街吃饭。在日本做面包师的时候，每天要辛辛苦苦地工作 15 个小时以上，根本没有这样的闲工夫。尽管如此，Gragger 的面包却比他原来做的面包更加好吃。

"为了做出 100 分的完美面包，日本的面包师要花上七八个小时，我自己也曾为此而发疯似的工作。可是在 Gragger，面包师们的心态是花上四五个小时，做出七八十分的面包就足够了。而且通过对原料的改善，这里的面包反而比日本的更加好吃。这就像是一个人运用

'巧劲'抛球，却能比大力抛出去的球飞得更远。"

田村师傅是一名狂热的广岛棒球队球迷，所以用了个与棒球相关的比方。

他对自己过去的做法进行了反思。随后下定决心，等回国后，一定要亲自实践这种做法。

不扔面包的面包店——工作方式的变革

2013 年 10 月，田村师傅重新开起了面包店，开展起他的"实验"。

仿照 Gragger 的做法，田村师傅决定首先将重点放在原料上面。最终他挑中了有机种植的日本国产小麦，他认为这是符合日本气候与水土的最佳原料。然而在日本的面包里，仅有 3⅓% 是由国产小麦制成，至于使用有机小麦的比例就更少了。在当时，日本国产有机小麦的价格几乎是进口小麦价格的 4 倍，也是国产正常小麦价格的 2 倍。按照这个价格来算，田村师傅根本不可能再做加入无花果和核桃的法式乡村面包了。

不过田村师傅意识到，如果制作不加料的法式乡村面包，就可以既使用国产小麦，又能保持原来的价格了。于是他决定将店里销售的面包种类压缩到两种，其中一种便是不加料的法式乡村面包。这样计算下来，总算是有些利润空间了。

为了找到理想中的有机小麦，田村师傅前往北海道十胜地区，拜访了农夫中川泰一先生。中川先生从不使用人工化肥，而是使用绿肥滋养作物。当两人见面时，他向田村师傅讲述了自己改种有机小麦时所遇到的种种困难。他甚至还做了一个噩梦，梦到"发现自家田里的麦苗一夜之间全都枯死了"。

"用进口小麦制作面包时，我不清楚种植者的身份，因此也很难想象到他们经历了怎样的艰辛。可是听过中川先生的故事后，我了解了农民的想法，也因此意识到，用这样的小麦所制作出来的面包绝对不能浪费，一定要想办法都卖出去。"

田村师傅按照起初的打算烤制了不加料的法式乡村面包。在这一过程中，他发现了一个意想不到的好处——这种面包的保质期居然能长达两个星期。

接下来要着手开展的实验是"工作方式"。由于减少面包种类，并不再给面包加料，田村师傅的工作时间已经大大减少。为了进一步缩减工作时间，田村师傅选择像 Gragger 那样使用冰箱发酵面团。

为什么使用冰箱就能够缩减工作时间呢？因为如果不用冰箱，在揉好面团后等待发酵，则至少要在 4 到 5 个小时以后才能烤制。如果像日本其他的"匠心"面包店那样当天发酵、烤制的话，从揉面到入窑烘烤，再到烤制完成大约要花 7 个小时，也就是说，如果想让面包在早晨八点新鲜出炉，半夜 1 点就要开始工作。而石窑每次能够烤制的数量有限，要是一天烤上两三窑……就根本没时间睡觉了。

但是如果使用冰箱，就可以在某种程度上延缓发酵的进行，而且从冰箱里拿出来的面团可以立即开烤。因此无论几点起床，从烧窑到面包出炉，只需 2 个小时左右。

"制作法式乡村面包时，我开始在这种对口味影响不大的工序上'偷懒'。面包是一种简单朴素的食品，只要原料够好，味道就不会差。"

于是，田村师傅的工作时间变成了凌晨 4 点到上午 11 点，缩短到 7 个小时左右，变为了原来的一半。过去大约需要 10 个人工作的店面，如今的规模也大幅缩小。他将店面的数量减少到一个，并且每周只在周四、周五、周六这三天的下午营业，员工也减少到只剩自己和芙美两人。

田村师傅最后研究的是"不扔面包的销售方法"。通过"减少面包种类"与"不给面包添料"的做法，面包的耐保存程度得到了提升。不过问题是，怎样利用这种优势进行经营。

"我觉得不能因噎废食，因为不想丢弃面包，就干脆不去做是不行的。这样首先是没生意可做，而且我也想让更多人吃到自己用心制作的面包。我的目标就是不扔面包、享受工作，最好还能赚上一些钱。如果我不亲自实践，可能不会再有别人会这样做了。"

为了实现目标，田村师傅想到的办法是通过网上预约的方式进行定期销售。面包店在休店的日子里也有两天接受预约，田村师傅会将面包烤好，送到预约的顾客家里。

"面包这种商品，夏天天热了不好卖，受天气影响也很大。但如果定期销售，烤制的数量就不会出现差错，因此能够保证收入。不可能所有人都喜欢我的面包，在一百人里可能只有一个，所以我希望将客源拓展到全国。由于我做的面包坚硬不易变形，又能保存很长时间，因此非常便于运输。"

定期销售开始后，多利安面包店的口碑稳步上升，店里的面包受到了自冲绳至北海道160多个地区的顾客的喜爱。

为了确保店里的面包能够全部售完，田村师傅还想出了一个"接力销售"的点子。新鲜出炉的面包首先会放到厨房外的桌子上，旁边摆放收钱箱，进行"自助式销售"。位于广岛市中心的店铺里的面包如果卖不出去，就会拿给当地的流动蔬菜小贩或是火腿店进行销售。

"店里的面包在不同的场所各自卖掉一点点，总是在不知不觉间就销售一空了。"田村师傅笑着对我说。

休息、访友、外出旅行

仅仅以小麦粉、水与食盐为原料精心烤制而成的法式乡村面包，其魅力在于每日变化的风味。田村师傅表示"出炉后放置一天，面包的美味会积淀下来，口感也会更好"。

店里的年销售额约为2 500万日元，与暂停营业前基本持平。然而田村师傅可以自由支配的时间却远远超过了从前。如今，他每天下午都可以休息，逛逛街，见见人。如今他还养成了一个习惯，每年夏天给自己放一个差不多两个月长的假期，并在此期间与妻子一起出国旅行。

田村师傅接受我的采访时，是在一个结束工作的午后。当时我们来到广岛市内一家名为"辙草"的乌冬面店吃午饭。老板名叫原田健次，这里的乌冬面都是用自家种植的小麦做的。田村师傅告诉我大家都叫他"麦哥"。田村夫妇和原田师傅一边吃着乌冬面，一边聊起了小麦的话题。面包和乌冬面的原料都是小麦，这样看来，田村师傅和原田师傅也算是"麦友"了。

"我非常珍惜这样的时光。过去没有这些闲工夫的时候，我每天只会闷头工作。但后来我暂时停下脚步，改变了前进的方向。有了时间后，我能去见更多的人，还可以给面包店更新主页。"

田村夫妇与原田师傅的话题不仅局限于面包和乌冬面的制作，更是延伸到了发酵食品、农业和自然环境方面。他们的这份热情令我感到折服。

"我一直想让工作变得更加轻松，想在工作当中'偷懒'，直到后来才突然发现，自己的面包店已经不用再丢弃面包了。"

自 2015 年夏天以来，多利安面包店再也没有扔过一个面包。

任何人都能学会烤面包

面包店重新开张后，田村师傅开展的另一项实验是招收学徒工。尽管店里不给学徒工提供工资，但会在二楼提供住处，同时在 3 个月的时间里向他们详细传授利用石窑烤制天然酵母面包的技术。

当我去店里采访时，一位来自青森，名为斋藤绚子的女士正住在这里当学徒工。

她是多利安面包店的第五位学徒工。"3·11"大地震发生时，她在仙台的一家餐饮公司工作。斋藤女士说："从那时起我就一直在想，究竟什么样的工作方式才能让自己真正过好生活。"2015 年，在墨西哥一家面包店里工作的她看到了多利安面包店的主页，因此联络田村师傅，希望他能收自己做店里的学徒工。

那一天，斋藤女士也与田村师傅一起从凌晨 4 点开始烤制面包。田村师傅的教授风格是让学生"在观察中学习"，而不是"手把手"地进行理论指导。斋藤女士表示："每天我都能学到很多关于烘焙与日常生活方面的知识。"

其实早在招收学徒工之前，田村师傅就已经在经营上一家面包店时反思过自己没法为年轻员工提供培训的问题。

"面包其实并不难做，尤其是我做的这种经典款、简易式的面包。经过漫长的发展，它的制作方法趋于稳定，只要经过一个月的培训，任何人都可以学会。所谓的经典，就是抓住事物本质、在任何时代都不会过时的东西，因此无需进行改变。我希望继承和传承下去的，不是 5 年后就会改变的，而是已经长年存在的面包。所以我希望日本能有更多让人不用辛苦工作，轻松烤制面包的面包店。"

田村师傅和斋藤女士邀请我品尝了他们烤制的法式乡村面包。面包有着微酸的口感、坚实的嚼劲，以及浓郁的面包香气，却又不显得突兀。它给人的感受更加贴近于谦逊和质朴。田村师傅的母亲推荐我在面包上涂一些她用八朔蜜柑亲手制作的橘皮果酱。果酱的苦味与法式乡村面包的香味可谓相得益彰。当我向田村夫妇询问他们推荐的面包吃法时，芙美女士微微一笑："用面包擦着盘子里的酱汁，是最美味的吃法了。"田村师傅在一旁附和："没错，面包就像海绵一样，能把盘子擦得干干净净。"

有那么一瞬间我是有些失望的。然而田村夫妇那副悠然自得的态度，以及大伙共享美食的氛围，又让我觉得他们的面包别有一番美味。

2017 年 5 月 18 日，在"The Cuisine Press"网站上登载了这样一段文字："最近，我们做了一期名为《面包师傅们'拒绝丢弃'的意识与'拒绝丢弃'的工作》的专题报道。越来越多的餐厅开始向顾客提供法式乡村面包，这是'有心的面包师傅们所选择的方向'。"文章中提到，在东京上原、代代木一带经营"片根面包房"的片根大辅师傅的话："过去我做的是那种技巧型面包，不过现在我想随性一些去做。"此外，文章当中还介绍了在东京参宫桥经营"樽井面包房"的樽井勇人师傅，他原本在餐厅里做勤杂工作，由于目睹了太多食品浪费的现象，因此同样决定成为一名"拒绝丢弃"的面包师。

　　田村师傅表示"很高兴能看到面包店迎来这样的机遇"。他将自己与同年龄段的面包师称作"第三代人"。在他的理论中，这与酿酒业和奶酪制造业的情况相同：第一代人从欧洲引进面包和葡萄酒并尝试制作；第二代人试图"在日本用欧洲的材料制作出正宗、地道的产品"，希望使用欧洲的小麦、葡萄和黄油等原料，重现欧洲当地食品的味道；而像田村师傅这样的第三代人，则希望使用日本的原料，结合日本的气候与水土，制作出符合日本人口味的产品。他认为，近年来愈发受到欢迎的自然派日本葡萄酒，或许就是在这种趋势下诞生的。

　　"我认为在轻松的工作氛围下，利用日本的优质原料所制作出来的面包、葡萄酒，完全可以与欧洲的产品相媲美。"田村师傅说道。

这样的生存之道能够持续 10 年、20 年吗？

　　田村师傅改变了大量生产、大量贩卖与大量废弃的生存之道。通过对他诸多"实验"的采访，我深深感受到，想让自己在日常生活中拥有更多的时间，或许就要从重视眼前的事物做起。

　　2017 年 3 月，报纸上刊登了一篇介绍多利安面包店的文章，标题为《不再丢弃面包，制作、销售、工作方式的全面革新》。随后推特上出现了"真是受益匪浅""没想到还有这样的方法"等许多支持的声音。当提到过去的生活时，田村师傅表示，在如今的日本，可能许多人心里都存在着类似于"没有闲暇时间，只能马不停蹄地工作""这样的生存之道能够持续 10 年、20 年吗？"这样的担忧。

我认为田村师傅摆脱过去生活的方法很独特，也很有效。最近的社会对"精致而专注的生活"颇为重视，这是件好事，但如果过分追求，可能最终反而会束缚住自己。在田村师傅的话语中，令我最为印象深刻的一句是："我觉得与其花费过多的时间去追求 100 分，不如满足于 80 分就好。"

这句话言之有理。日本人生性认真，或者说在日本存在一种根深蒂固的观念，即认真工作的过程和做出的努力比结果更加重要。然而，只要我们注重事物的本质——对面包来说，就是小麦之类的原料——在其他方面"偷一些懒"或许也无关紧要。从另一方面来讲，像田村师傅这样，在摸索"让工作更加轻松的方法"的过程中，反而有可能诞生优质的副产品和变革方式。

我坚信"拒绝舍弃"的做法同样如此。在日常生活中珍惜身边的物品，不肯将其舍弃固然重要，但如果过于教条，反而会让自己感到疲惫。我认为像田村师傅那样，以"让生活更加开心"为初衷，最终在不知不觉中达成"不再丢弃面包"的结果，是最为理想的了。

实验还在继续进行

时隔一年半，我在 2018 年再次拜访田村师傅时，发现多利安面包店的生意变得更加兴隆。过去由于石窑空间有限，每天都要烤上两三炉面包，如今在厨房入口处，多出了一个容量超过过去 3 倍的石窑。

"以前的石窑一次能烤的法式乡村面包只有 25 个左右，但如今一次可以烤 70 个！过去烤 3 炉面包总共需要 6 小时，现在只要烤 3 个小时，时间和精力都可以节省不少。"

这个石窑是由芙美女士调查资料后设计出来的。据说去年她放弃了惯例的暑期休假，从 8 月起一直干到年底。上次采访时在这里做学徒工的斋藤绚子女士也参与了石窑的制造。

"当时斋藤女士用电刨机不断切削那些坚固的耐火砖，俨然一个熟练的砖瓦匠。起初石窑里还残留着一些水分，用起来不是那么趁手，不过从今年秋天起，效果终于稳定了下来。"

田村师傅依然显得精力充沛。如今店里的学徒工是来自鹿儿岛。27 岁的山口飞雄马。令人欣喜的是，正是因为读过了我的文章，山口才会感叹"原来有些工作不需要那么辛苦"，同时对多利安面包店产生了兴趣，所以尽管他的梦想是成为一名软件工程师，却依然申请来到这里学习烤制面包的方法。"当田村师傅向我讲起发酵的奥秘时，我深深感叹这种与自然共生的做法真的很了不起，觉得在生活中去做一个感性的人也很不错。"

除此之外，田村师傅的业余活动也愈发丰富。从 2018 年春季开始，每周四中午工作完毕后，他都要花上大约 3 个小时的时间收听RCC 中国广播电台①的节目，据说他还因此学会了播音主持技巧。

"这件事与面包店倒是关系不大，我想尝试各种工作，不希望被禁锢在面包这一行里。今年暑假期间我带着'回归初心'的想法去了趟蒙古，看到生活在那里的坚韧不拔的游牧民。他们既没有农作物，也没有坚固的住宅，然而他们的思想却毫不死板，身躯也轻盈有力，我感到自己得多向他们学习。"

就这样，日新月异的"不扔面包的面包店"多利安面包店，为了让自己和他人都能生活得更加轻松自在，还在不断继续进行着实验。

---

① 此处的"中国"指的是"中国地方"，为日本区域概念，位于日本本州岛西部，由鸟取县、岛根县、冈山县、广岛县、山口县五个县组成。

2 诞生于行业一线的各种解决方案

文：藤田皋月

面包和蛋糕，全都扔了吧

2002 年，在报社工作第二年的春天，我（藤田）与一位先我一些进入报社的记者在专门刊登东京都内新闻的地方版报纸上，共同接手了一个名为"地下百货潜规则"的连载专栏。

东急百货公司于 2000 年在涩谷百货店举行的"东急食博会"大受欢迎，自那以后为了招徕顾客，各个百货公司都在地下美食区投入了更多精力，各色餐饮店也相继开业。其中有些店的糕点师傅很受欢迎，有些店使用的原料相当考究，还有不少店上过电视中的美食特辑。我记得就是从那时候起，人们开始习惯将这里称为"地下百货"。

然而恰巧就在那时，"雪印食品"被卷入"国产牛肉造假事件"①的风波当中，肉类产地造假成为社会关注的焦点。因此我们也打算在连载中揭露大受欢迎的"地下百货"背后的一些隐情。当时我们与百货公司进行了艰难的谈判，这些公司的公关人员对我们极为排斥，甚至禁止我们入店。第三次连载文章的标题叫《面包和蛋糕，全都扔了吧》，它的素材就是我在"地下百货"某家店铺的帮助下，从后门偷偷溜进去后采访到的。

> 整层楼的灯光都被调到正常的一半以下。在灯光下，各家店铺的店员都在默默地扔掉店里的商品。

---

① 2001 年，雪印食品公司用进口牛肉伪造成日本国产牛肉销售的违法行为被内部员工揭发，曝光后media纷纷报道，也受到了社会的抵制。2005 年，"雪印乳业"及其子公司"雪印食品"彻底倒闭破产。这起事件发生后，其他公司的牛肉造假事件也纷纷被曝光。

一家知名面包店里，员工们将未能售出的面包一个接一个地扔进容量为 90 升，上面印着"业务用"的垃圾袋中。店员像是单手打鸡蛋那样，将三明治挤出包装袋后扔进"厨余垃圾"的垃圾袋中，包装则被扔进"不可燃垃圾"的垃圾袋中。

　　小吃店里那些装在托盘里的沙拉、腌泡汁以及赏花套餐也都惨遭抛弃。

　　一辆浅蓝色的垃圾车在楼内转来转去，洗涤剂的气味在空气中弥漫。

　　百货店严禁员工食用卖剩的食物或带走食物，也严禁不同商店之间交换食物，违反条例的人将被勒令开除。

　　其中一位店长告诉我"所以员工们才会刻意大张旗鼓地把食物扔掉"。

　　当时，各家百货公司相互竞争，习惯通过"现做现卖""限时销售"及"现场演示"等方式激发顾客的购买欲。当时"地下百货"早已熟知井出留美女士在本书第五章中所介绍过的"错失销售机会"理论，因此不准各家店铺在临近关店之前下架商品。正因如此，被迫遭到废弃的食物数量十分庞大。如今百货公司已经广泛使用"降价销售"的方式处理食品，但当时这种行为是遭到严禁的，理由是这样做会损害品牌价值。

　　这就是为什么在进行暗访时看到一家蛋糕店的情况时，我不由产生出一言难尽的感受。在那家店里，未能售出的蛋糕会被保存在冷藏室里，第二天继续销售。

　　冷藏室的架子上贴着便签，上面标注着蛋糕的生产日期。一位女店员表示："这些蛋糕明天会拿出来继续销售。如果所有卖不出去的食品都要扔掉，蛋糕店也就开不下去了。但当然也不能放置太久，因此要把握好每一件商品的生产时间。"我问她，标签上不是写着使用生奶油制作的草莓蛋糕、蒙布朗和巧克力蛋糕，必须在当天食用吗？她告诉我："放在冷藏室里不会有事。店里会换掉印有最佳食用期的标签。"

她告诉我在店里，每天会优先出售头一天生产的蛋糕。为了进行区分，店员之间会用"黑话"进行沟通，将头一天的蛋糕称作"哥哥"，当天的蛋糕称作"弟弟"，例如会说"那个蛋糕先把哥哥拿去卖"之类的话。老实说，听到这里，我不禁打了个寒战。

我并非认可这家蛋糕店的行为，然而存在于食品行业中这种防止缺货的巨大压力，却能让我们窥探到由此可能引发的道德风险。

对食品行业的严苛审视

自那以后，我又得到了许多报道食品问题的机会。

算上"盯梢"（指记者在某些场合蹲点监视，一旦发现情况随时报道）时的收获，我曾报道过 2008 年的"船场吉兆"的食材反复使用问题①、2013 年发生在全国各大酒店内的菜谱造假事件、2016 年的废弃炸肉饼倒卖事件等。每当这样的问题引起社会关注时，日本的消费者就会用严苛的目光对食品行业进行审视。

在对废弃炸肉饼倒卖事件的采访中我了解到，食品企业丢弃炸肉饼的原因是"工厂裹粉机内的一个小型合成树脂零件掉落"。从机器上掉下来的零件虽然很小，但如果碎片混在肉饼里，被消费者吃到，会引发严重的投诉问题。考虑到这一点，在该零件可能掉落的时间段内所生产的约 4 万块炸肉饼全部遭到废弃。这起事故发生的前一年，由于传送带上被刮下一块橡皮擦大小的橡胶，这家公司处理掉了三天内所生产的约 30 万块肉饼。而那一年恰巧也是麦当劳被卷入异物混

---

① 2008 年，日本高级料理"船场吉兆"被曝篡改食物保质期、伪造食材产地、将顾客吃剩下的菜再次加工出售等欺骗消费者行为。公司因此全面停业并宣布破产。

入事件①风波中的一年。食品行业为了防止重蹈覆辙所实行的危机管理，以及为此而遭到浪费的庞大的食品数量，着实令我震惊。

"食物变成垃圾的现场"勾起了我的好奇心，为此，我还采访了位于上野的一家回转寿司店。在这家店里，放在传送带上约 15 分钟无人食用的寿司就会遭到废弃，而且据说店里是故意将这一幕展示给顾客的。刚刚还标注着价格，可供顾客享用的食物，下一秒钟却成为了垃圾，而原因仅仅是"配料干掉了"。老板表示："寿司配料干掉固然是抛弃它们的原因之一，但我们更怕重蹈'船场吉兆'的覆辙。这样做确实有表演成分，但也是为了向顾客自证清白。"

消费者要求的是干净、安全、毫无隐瞒的"完美食品"，食品行业则努力满足这一要求。正因如此，大量依然可以食用的食品遭到了废弃。但每当食品行业发生问题时，媒体都只会对行业进行谴责。我认为我们同样要为这样的结果责任。

自从关于"地下百货"的连载报道刊登以来，已经过去了 15 年。尽管目前依然存在可食用的食品遭到废弃的现象，不过近年来，解决这一问题的行动已经逐渐推广开来。在上一章里，我们已经写到井出女士提出的重新审视存在于食品行业的"三分之一法则"的问题。接下来，我还打算介绍一些商店、企业和政府的举措，以及个人也可以参与的行动。

食品银行与食品募捐

食品银行是一种将"可以食用却要被扔掉的食物"与"饥肠辘辘

---

① 2015 年，日本麦当劳发生了多起食品混杂异物事件，甚至有人在薯条中吃到了一颗类似于人牙齿的物体，此事件被各大媒体持续报道。该事件发生后，日本麦当劳公开谢罪，营业额与前一年相比下降了 20%（1 375 亿日元），最终造成了 292 亿的赤字，被迫关闭 190 家店铺。

却没有食物可吃的人"关联在一起的活动。有些因包装轻微破损或临近保质期而难以在店里销售的食品，会由公司捐赠给福利设施、"儿童食堂"和贫困家庭。这一活动既能减少食物损失，又能帮助贫困人士。根据农林水产省的一份报告，目前约有 80 个组织在进行这方面的活动。

食品募捐属于该活动的一环，却更方便个人参与。只要将自己吃不了的速食食品和罐头食品带到超市或学校等"募捐点"，这些食物就会被送到需要的人手中。该活动最早发源于美国，并于 2007 年通过健身房 Curves 所举办的活动的传播，开始在日本广为人知。如今该项目的"募集点"已经扩大到社区中心、4S 店、图书馆及各种其他场所。我最近参观过的东京农业大学"丰收节"上，也设有一个接受食品募捐的帐篷。

"凉豆腐指数"与"烤豆腐指数"

除了这些"再利用"的活动之外，还存在另一个被推广开来的做法，那就是减少"食品浪费"本身。而这也正是井出女士所重视的"减少浪费"。

为了防止"食品生产过剩"，减少食物损失，日本气象协会基于算法构建了一个系统，并计算出"凉豆腐指数"与"烤豆腐指数"两个指数。前桥市的豆腐生产商相模屋食品每天都会收到由日本气象协会所提供的报告，并以此决定豆腐的生产量。

过去，食品企业会收集超市传单上的促销信息，与过去的业绩进行比较，以此预测自家产品的销量，并对产量做出调整。这是因为如果供给过剩，会有更多食品遭到浪费，成本也会上升；但如果供给不足，零售商便会抱怨缺货问题。在食品行业，与零售商相比，需求预测这件事对生产商而言要关键得多。

日本气象协会着眼于此，对相模屋食品所提供的夏日季节商品凉豆腐的销售数据进行了分析。结果显示，每当温度与前一天相比明显上升时，凉豆腐的销量就会显著增加。也就是说，与温度本身相比，基于温差而改变的"体感温度"对产品销量的影响更大。于是日本气象协会构建了一个系统，它能够将过去的销售额、天气预报的数据与推特上抱怨天气炎热的推文数量综合在一起，对产品需求进行预测。

自从相模屋食品使用这一指数以来，超市等客户所发来的订单量与实际生产量之间的差距已经下降了约 30%。基于凉豆腐指数，日本气象协会还开发了应用于冬季的"烤豆腐指数"。

当我在 2017 年 1 月就这一系统进行采访时，日本气象协会已经开始为 6 家食品企业预测需求量。此后，它们又开发了通用性更强的"需求预测指数"，从而大大提升了可预测商品的种类和数量。截至2010 年秋，包括食品与日用品在内，该系统可预测的商品数量已经增至约 500 种，客户的范围也扩大不少，如今除生产商以外，还包括超市和其他零售商。此外自 2018 年起，日本气象协会还与 NEC[①] 进行合作，计划构建需求预测系统，旨在通过一种健康的方式，在上至生产商、批发商，下至零售商的整个产业链中有效减少食品浪费现象的发生。

未来可期——诞生于技术创新的解决方案，或许将创造出过去所想象不到的成果。

为了杜绝浪费而"物尽其用"的厨师

据称，有大量蔬菜、鱼类和肉类由于"不符合规格"而遭到批发商拒绝，在进入供应链以前就被丢弃。

日本对食品有着严格的标准。即使原料口感上佳，香气充沛，但如果颜色、形状或尺寸不符合规格，就会在筛选过程中遭到淘汰，无

---

① 日本电气股份有限公司（NEC Corporation），跨国信息技术公司，总部位于日本东京港区，主要业务是为商业企业、通信服务以及政府提供信息技术和网络产品。

法进入流通环节。此外为了"调整供需"，在丰收的年份维持市场价格，还有一些果蔬会被直接丢弃在田里。由于国家政府与司法机构并未统计过准确数字，因此以这种方式遭到废弃的农产品的确切数量我们不得而知。而在渔业中，卸货后无法进入到流通环节，直接遭到废弃的"未使用鱼"据说能够占到总量的约 30%。"未使用鱼"是指无法供人食用的次要鱼种，或因捕获量太小，无法合并到批次中而未能进入到流通环节的鱼。

据调查显示，英国在该环节中所遭到废弃的农产品约有 300 万吨，占废弃食物总量的约 20%。法国、荷兰及意大利等国也给出过这一数字的"估值"，并在积极寻求减少食品浪费的途径。然而在日本，这种未能进入到流通环节的农产品及海产品却无法被算作食品浪费。针对这一问题，我们向负责对食品损失量进行统计工作的农林水产省进行了咨询。

相关负责人表示："在日本，为了更加精准地得出食品损失量，我们不会对未进入流通环节的蔬菜和鱼类进行统计。而由其他各国所给出的估值，其准确度也是值得怀疑的。因此日本只对运输和加工环节中所浪费的食品，以及由家庭所废弃的食品进行统计。"

我问对方，既然日本政府当下所提供的食品损失量都是"估值"，那么将未进入到流通环节的蔬菜和鱼类也纳入"推算值"中，不是更有利于找到解决方案吗？对方却认为，"从农业政策来说，应该从生产力的角度来对生产进行调整"。我们的意见最终没能达成一致。

然而在民间，一些餐馆早已开始关注这些"不符合规格"的蔬菜和肉类，并尝试着将其加工为美味的食品。

位于东京池尻大桥①的法式餐厅荻野，在采购原料时会积极购入

---

① "池尻大桥"是位于东京都世田谷区与目黑区的电车站，该名称由附近的两个町名"池尻"与"大桥"结合而来。

图 8　荻野伸也主厨

因天气炎热饮水过多而导致体重虚高的"水猪"、形状七扭八歪的芦笋等蔬菜，以及那些被赶出人类生活区域的野猪和野鹿。

"水猪用来做肉馅，内脏则用来制作碎肉饼之类的菜。法国菜的理念本来就是物尽其用，除了牛眼球、牛蹄子和鸡羽毛外，其他部位都能用来做菜。"主厨荻野伸也这么对我说。

自 2007 年在东京世田谷开了一家餐馆后，为了寻找加工肉制品所需要的猪肉，荻野主厨经熟人介绍，拜访了北海道一家从事循环型农业的养猪场。在这里，猪粪作为肥料施入田间，农田里种植蔬菜和谷物。这里的蔬菜同样提供给市场，因此会有许多歪七扭八、支离破碎的胡萝卜和笋根被剩在田地里。

"真可惜。这些蔬菜都可以做成美味佳肴的。"这便是他最开始使用剩余农家蔬菜的原因。自那以后，在熟人的牵线搭桥下，越来越多的农户将剩在田里的蔬菜与无法上市的肉类送来给他。2011 年，他为札幌的一家咖啡馆设计了菜单。这家咖啡馆会使用未能进入北海道市场的"未使用鱼"和断鳍的鱼来制作海鲜咖喱。受该做法的影响，后来在札幌的百货商场内还出现了一家积极以剩余农家蔬菜作为原料的小吃店。此后，荻野主厨同样开始为自己在东京的餐馆购入这样的肉类和其他原料。他认为，光靠餐馆还不足以引发强烈的社会反响，于是又开了一家食材利用范畴极为广泛的法式餐厅荻野餐桌。目前，通过市场购买的食材与这种"特别"食材在餐厅中差不多各占一半。而为他提供食材的产地范围也已经扩大到从北海道直至冲绳的全国各地。

"最近我接到长崎县五岛列岛一位农民的来电，他说今年西红柿的收成很好，估计会有大量盈余，还给我发了样品过来。我不是先决定做某种菜，然后为此准备食材，而是根据农户提供的蔬菜和肉类考虑究竟做哪种菜。比如说有位猎人给我们送来一头鹿，那么在一段时间里，餐厅就会围绕着它来做文章。"荻野主厨笑着对我说道。

他还表示，农民出售这些原本不得不抛弃的农作物，多赚了一些钱，而餐厅能以低于市场价的价格收购到这些食材，并平价提供给顾客，厨师们也会在加工这些食材的过程中获益良多。

"以这些原本不会进入流通环节的内脏或是剩在田里的果蔬为原料来制作美味佳肴，对我们来说同样是一种学习。有些食材因为不方便加工而被厨师冷眼相待，但如果能去腥或是经过炖煮加工，一样能做得非常好吃。"

荻野主厨希望推广这种"物尽其用"的烹饪方法，因此出版了关于如何处理肉类、如何用水果做菜等多部烹饪书籍，甚至还有面向家庭的食谱。

蔓延开来的"3010 运动"

"3010 运动"始于长野县松本市，如今已经被推广至日本各地的餐厅和酒店。

"3010"指的是聚会开始后的三十分钟与结束前的十分钟。当人们在餐厅或酒店参加公司年终聚会、婚礼、家庭或社区宴会时，往往会剩余大量食物。由于和其他人专心致志地聊天或喝酒，最后不可避免地剩下东西没有吃完——相信许多人都有过这样的经历，我也一样。因此这一运动所倡导的理念是，至少在宴席的开始和最后集中精力享受美食。

这一运动肇始于松本市市长菅谷昭的一番话。菅谷市长曾是一名医师，20世纪90年代末，他在白俄罗斯参与了因切尔诺贝利事件而罹患癌症的儿童的医治工作。当时该地区始终面临着食品安全问题的威胁。正因为有过这样的经历，在一次市政厅举办的宴会上，他看到许多食物都没有吃完，便不禁呼吁道："真是太浪费了。今后每次聚会，前三十分钟里大家都要专心吃饭。"此后，松本市决定鼓励市民也这样做，并把"最后十分钟"也纳入了专心用餐的范围之内。

如今在互联网上搜索"3010运动"，可以看到它在佐贺市、大阪市、冈山县、浦安市……多地都引发了强烈反响，当地人同样也在呼吁积极开展这项运动。环境省还制作了用于春宴、年终聚会、新年聚会以及年内各种活动的三角立牌模板挂在网站上供市民下载。如果这种简单易行的活动能够在各种宴会上得到实施，相信能起到不错的效果。

内阁决议：将食品浪费量减半

2018年6月，政府决定制定一个数量目标，在2030年前，将食品浪费量减半。日本以外的许多国家都已经制定过此类目标，但在日本，这样的做法还是头一次。该目标的范围仅限于"家庭产生的食品浪费"，"减半"的标准则是"与2000年相比"，当年的食品浪费量约为目前的一倍半。尽管有许多方面都值得"吐槽"，但这一国家层面的首次举措还是值得关注。由于食品浪费有半数来自食品行业，因此也颇有必要为该行业设定一个削减目标。

除此之外还有其他动向，比如日本的议员们制定了一部有关削减食品浪费的法律。这一法案出台于2018年，内容主要是要求地方政府制定计划，提高意识，并支持相关行业人士的活动。至于效果如何，还有待今后观察。

海外还有这样的事例。法国于 2016 年颁布了一项法律，禁止营业面积超过 400 平方米的大型超市对未售出的食品进行废弃处理，并要求它们与公益组织签订合同，将仍旧可以食用的食品捐献给慈善机构。法律还要求它们必须将已经无法食用的食品转化为饲料或肥料。如果有人丢弃依然可以食用的食物，那么他将要缴纳约合 50 万日元的罚款。同年，意大利也颁布了相似的法律，只不过使用的是激励制度。法律规定，如果商店捐赠未售出的食品，就可以获得税收方面的减免。在美国，如果企业向食品银行捐赠食物，法律规定可以减税。而且如果捐赠出去的食物引发了食品中毒或其他危害，只要不存在故意或自身疏忽等违法行为，都可以免责。既然日本好不容易决定通过方式减少食品浪费，那么我希望国家可以参考海外的先例，让法律行之有效。

"打包"之难

前几天，我与 4 岁的大女儿参加了某公司举办的烹饪课程。当时我们做了一个海鲜比萨，还有鲜奶冻的甜点。比萨尺寸很大，女儿只吃了差不多一半，而我当时已经饱了。我不想浪费好不容易和女儿一起做出来的食物，便询问讲师能不能把比萨打包回家。因为比萨吃不完打包是很正常的，所以也没觉得会有什么问题，不想却遭到了拒绝，讲师表示"课上的食物一概不能打包带走"。我不死心地表示"要是出什么问题，我会自己负责"，但依然没能改变结果。最后我不忍心扔掉比萨，硬是把它吃了下去。当时女儿还说"待会儿我会吃的"。我一边安慰着她，一边感到心情沉重。当然，胃里也很沉重。

在美国有一种叫做"狗狗袋"的日常用品。这个名字的起源众说纷纭，一种说法认为食客不好意思打包，因此会说"这些食物是带回家喂狗的"；还有一种说法认为这是餐馆的变相声明："万一发生食品中毒事件，需要自己负责。"在法国，"狗狗袋"这个名字起初很多人都听不习惯，因此没能得到普及，不过最近"美食袋"这个名字倒是变得流行起来。而关于"狗狗袋"的法律，在 2018 年还只是"建议"餐厅使用，而如今已经修订为"必须"使用。我不禁感叹法国人办事效率之高。如果这种习惯能传播到日本，我想无论是对钱包、环保，还是对我的腰围都有一定的好处。

为什么"狗狗袋"在日本无法推广开来呢？我认为原因可能在于食品行业的风险控制。正如"不扔面包的面包店"多利安面包店的田村师傅所言，"导致客人食品中毒的后果是我们承担不起的"。同样，导致大量食品遭到浪费的"错失销售机会"理论与"三分之一法则"同样也是行业反映消费者意识后所产生的结果。因此，如果我们消费者能做出改变，那么食品、服装等行业一定也会发生改变。

第三部分中，我将介绍一家为消费者提供手机网络上的二手交易平台、对新型消费模式进行探索的公司"煤炉"，并对该公司创始人进行深度采访，借此聚焦发生在日本消费者中的"变革运动"。

第三部分
消费者篇

第七章 大量废弃社会的未来

1 经济高速增长与大量消费社会

文：仲村和代

你身上穿的衣服是谁缝制的？

在东北地区的农村，有一种源远流长的民间工艺品，名为"刺子"。这种刺绣的每一针一线都由手工精心完成，显得质朴而可爱，受到许多现代人的欢迎。然而这种将多块布料缝合在一起的手艺，最初的目的只是为了让它们更加结实耐用。

在过去，布料是贵重物品。即使衣服坏了，老百姓也会缝缝补补，继续穿在身上，直到它们破得不成样子为止。当政者禁止农民使用珍贵的棉花，农民只能身穿麻布衣裳，因此他们会想方设法，一针一针地用粗麻填满衣服的每一处空隙，从而保持温暖。

在物质匮乏的年代，衣服和食物都是农民亲手生产出来的。没有什么东西可以浪费，所有物品他们都会小心翼翼地用到寿命结束为止。

即使加以美化，那样的生活依旧过于残酷。一旦天气反常导致农作物歉收或自然灾害，他们很快就会无法维持生活，很多人甚至会因此丧命。

随着工业化发展，这种自给自足的生活方式逐渐发生改变。服装和食物的生产呈现出"大规模"与"分工制造"两个特点。由此带来的好处无疑是巨大的。在发达国家，大量食物在市场上流通，即使国内出现恶劣天气，也能在全球化的框架中得到弥补。过去昂贵的服装迅速降价，享受廉价、耐用而时尚的商品被我们认为是理所当然。

然而从另一个角度来讲，我们已经无法透过手中的商品看到生产者的"面孔"了。我们不再知晓有关自己衣食住行的商品是源自哪里、由谁制造、如何生产的。伴随着这一进程的深化，制造业扩展到其他国家，全球分工也应运而生，我们越来越难以看清是谁在制造产品了。生产出来的商品数量过多，甚至达到了用之不尽的地步，于是其中许多东西都被抛弃。然而我们却根本不知道究竟在哪里、有多少商品、以怎样的方式报废。

在这个世界上既有通过"购买"的手段在乱花迷眼的商品中"有权选择的一方"，也有生产低价产品、领取微薄薪水、只能从事低端劳动来谋生的"无权选择的一方"，全球分工体系正是在双方同时存在的基础上建立起来的。出现这种现象的原因是，为了向发达国家人口提供大量他们要求的"廉价选项"，就需要有另一批人来廉价贡献自己的劳动力。

Made in Bangladesh（孟加拉国制造）

2012 年年底，为报道一家日本企业开展的社会化商业模式，我前往孟加拉国的一个农村进行采访。

听说"日本记者来了"，整个村里顿时沸腾起来，我受到了全村人的欢迎。在那里，山羊和公鸡大大咧咧地走来走去，孩子们光着脚丫四处奔跑。看到这种在发达国家难得一见的淳朴劲儿，我不禁发出真诚的赞叹："这里宁静祥和，真是个好地方。"

听到这话，一位那里的负责人却这样回道："你说得没错。然而一旦发生自然灾害或者疫情，他们的生活很快就会难以为继。这种质朴的生活实际上也相当脆弱。"

我顿时羞愧万分，后悔自己沉浸在新鲜体验的喜悦之中，以至于说出了那种不过大脑的话。

有件事当时我没能注意到，直到回头查看相片时才发现，原来村里出来迎接我的都是男性。在重新审视了孟加拉国的情况后我意识到，这可能是出于孟加拉国的特殊国情——那里甚至不允许妇女单独出门购物。

而拉纳广场倒塌事件当中的受害者，正是从这样的农村去往城区工厂打工的人。在农村，赚钱的机会寥寥无几。这些妇女之所以会进城赚钱，都是为了"让下一代能受教育"。

"Made in Bangladesh"（孟加拉国制造）——最近越来越多服装的标签上都出现了这一字样。孟加拉国并非旅游国家，因此对那里有印象的日本人少之又少，至于去过的人就更少了。在我们所生活的国度里，很少有人能想象到生产这些服装的人究竟生活在哪里，又过着怎样的生活。

大规模生产出来的商品，其价值远远低于能够看到生产者的商品的价值。一件商品的生产过程当中存在着无数道工序，或许就连参与生产的人对经过自己手中的商品都没有什么感情可言，最后导致无论生产者还是消费者都认为"这些东西是可以随意丢弃的"。

伴随着流行趋势的改变，我们也极其随意地更换着自己的服装。然而这样做真的会使我们的生活更加充实吗？

最近我听到有越来越多的人表示，他们已经开始厌倦被大量物质所包围的生活。"购买"这一行为能使人感到兴奋的原因有很多，不仅包括"得到了想要的东西"，还包括"买到了更加便宜的东西""买这个买得值""买这个显得自己很有个性"以及"手上有它我就放心"等等。然而当你回到家中，面对着堆积如山的各种物件，又不禁感到懊丧，后悔自己"为什么要买这么多东西"。在泛滥成灾、扔之不尽的物品面前，你会感到沮丧乃至厌恶——相信许多人都有过这样的经历。

你是否能接受商品涨价？

在过去，物美价廉的商品是明智消费者的选择。

然而随之而来的，便是无穷无尽的价格战。就那些生产技术相同、质量也差不多的商品而言，降低价格的唯一方法就是削减工人的工资。一旦国内竞争达到一定程度，后面的订单就一定会流向工资更加低廉的国家。这样一来，某些国家的工人失去了工作机会，某些国家的工人却要继续在恶劣的条件下劳作。

这种做法同样会对环境产生巨大的负担。资源是有限的，不可能无穷无尽地使用下去。此外大量废弃物要如何处理，由此产生的费用又该如何承担，同样是摆在眼前的难题。如果对此视而不见，那么我们迟早会在生活环境、日常健康等领域受到它们的报复。

如今，越来越多的人开始对全球化说"不"，这是因为尽管经济发展了，商品也卖出去了，从数字上来看我们越来越"富裕"了，然而这种"富裕"在日常生活中却让人越来越难以有实感。人们亲身体会到了这种模式的局限性。

那么作为消费者，我们应该怎么做呢？如果选择"不去购买"，就能够解决这个问题吗？

在第二章中，茨城大学的长田华子副教授向我们介绍了在孟加拉国服装厂工作的妇女。她表示："孟加拉国的服装厂固然存在许多问题，但是如果我们不再购买那里生产的服装，非但不会改善她们的劳动环境，还会导致工厂损失订单，工人的工资进一步降低，在最糟糕的情况下，她们甚至会失去工作。……需要扪心自问的是，我们能够接受过去售价990日元的牛仔裤涨价吗？哪怕只上涨5日元。"

当然如果真的涨价，我们有必要要求企业用这上涨的5日元来提高服装产地工人的工资和改善他们的工作条件。

让我们从"知情"开始

全球化不断推进的时代的优势之一，便是信息变得更加容易获取。只需在互联网上输入只言片语，便可获知过去从未了解过的国家的现状。在谷歌上搜索"孟加拉国服装"等关键字，便可以在 NGO 等网站上了解到当地人们的生活和工作条件。如果想要了解更多，也可以通过海外游学的方式访问这个国家。除此之外，业已有许多人就如何改善现状提出过自己的建议，进行过一系列讨论。

技术创新对人类的影响究竟是积极还是消极，要取决于使用者的意识。能够在短时间内生产大量产品的技术、运输大量产品的能力，以及互联网连接人与物的力量——这些技术诞生于人类的智慧，因此它们的作用也应该取决于人类的智慧。

而实现目标的第一步便是"知情"。在你面前的"廉价服装"是如何生产出来的？那些未经售出便遭到抛弃的服装又会有怎样的结局？一旦你"知情"了，就可以告诉给更多的人，进而可以共同思考一起做些什么。

每多出一个想要知情的人，试图做出改变的想法也会增多。当这样的人越来越多，社会上的趋势和潮流就会随之改变——这种想法或许过于乐观，但只有这样做，我们才能改变现状。如今的社会是个大量废弃社会，想要进行改变，要从每一个人做起。

我们需要的不是"物美价廉"的商品，而是"价格合理"的商品。这将是理性消费者今后应有的样子。

让公平贸易成为一种商业模式

最近，有不少以支援发展中国家的生产者以及以不对环境产生负担为目标的"公平贸易"公司出现，比如我们在第二章介绍过的

People Tree。

提到"公平贸易",一些人可能会联想到慈善事业,不过 People Tree 只是一家普通的公司而已。他们不希望人们出于"善心或同情心"而购买公司的产品,而是希望"人们想要购买的商品恰好就是带有公平贸易标签的产品"。该公司所经营的零售店对食品、服装、饰品等超过 500 种产品进行贩卖,2007 年的销售额超过 9 亿日元。

公司的公关负责人铃木启美表示,在贯彻公平贸易的同时所开展的企业活动"虽然耗时费力,但也是富有意义的"。她说:"为了使商品能在日本畅销,我们会前往商品产地,在质量管控与设计方面提出建议。有时候我们觉得价格不太合适,就会与对方进行交涉,看看能否通过改变设计、调整工序等方式,而不是以削减人力成本的方式来降低成本。双方共同思考对策,而不是由一方强行决定价格。……库存过多我们也吃不消,因此会想办法将其降到最低。我们不会废弃服装,而是通过员工优惠活动或大甩卖的方式将它们销售出去。"

在谈及公平贸易体系时,铃木女士表示,他们有时候也会受到一些诸如"这种做法并未真正改变社会,完全没有意义"或是"根本没有效果"之类的批评。

"诚然,我们的市场占有率甚至不到百分之一,也不可能改变现有交易模式,但我认为做事并不需要强求 100 分。60 分也好,80 分也罢,在不断试错后,解决方案终究会出现在我们面前,做出正确的选择才是最重要的。"

日本人想要维持自己的生活离不开发展中国家,然而我们却根本不了解那里所发生的事。往那里下订单的也不是什么十恶不赦之徒,只是些普通人而已。只不过在利润、效率至上主义的熏陶下,他们在工作中会对交货期限和生产成本做出严苛的限制。

危机感固然能促使人们行动,但当他们对旁人大喝"不许这样做!"的时候,人们便会对其敬而远之。这就是我们希望能够像寓言故事《北风与太阳》中的太阳那样去改变现状的原因。我希望越来越多的人看到那些因公平贸易而身着靓丽服装的人时，会从心底感到欣慰和快乐。

事实上，自从 2011 年的"3·11"大地震和拉纳广场倒塌事件发生后，她觉得现状已经逐渐开始发生改变。

2 "煤炉"CEO 答记者问

文：仲村和代

每个人都在思考"能够卖多少钱?"

就在我对"大量消费社会将何去何从"这个问题进行思考时，一种有趣的趋势出现了。在过去几年里，个人之间的交易行为在互联网上迅速蔓延开来。渐渐地，人们可以使用"跳蚤市场类 App"，轻松地将他们所不需要的物品出售给他人。

而在这些 App 中最为抢眼的，便是诞生于 2013 年 7 月的"煤炉"。据说在成立之后的短短 6 年里，它就彻底改变了日本消费者，尤其是年轻人的购物习惯。

二手商品买卖这一交易形式本身历史悠久。像是由市民团体所经营的跳蚤市场与地方义卖会等线下活动，都已经存在了相当长的一段时间。不过自从互联网出现后，类似于"雅虎拍卖"这样的网络拍卖网站开始普及，而"煤炉"的出现，更使线上二手交易的规模提升至原来的数十倍，并使每一个普通人都能轻松参与其中。

举例来说，线上拍卖的功能主要在电脑终端上实现，对于个人卖家而言，使用门槛会有点高。而"煤炉"的特别之处在于，它建立了一套任何人都能在智能手机上轻松买卖二手商品的系统。从"煤炉"所提供的说明来看，用户所需要做的仅仅是用手机拍摄照片，填写商品描述，就能在 3 分钟内完成上架。即使不看说明，也能轻松上架商品，因此"煤炉"得到了用户的广泛好评，并在年轻人群体中爆发性地流行开来。

我（仲村）用过"雅虎拍卖"，也在上面挂过商品，但它们很快就被淹没了在大量其他商品之中，甚至没怎么被人看过。老用户都有着固定的购物习惯，除非你熟悉诀窍，知道添加什么样的描述，上传什么样的照片，否则你的商品很难在不断上架的商品中被买家选中。

先不提我这种"迟来"的使用者，其实"煤炉"早已吸引到了广大普通用户。截至 2018 年 6 月，这款 App 在日本的总下载量达到 7 千 500 万次，月活跃用户量过千万，年交易总额超过 3 000 亿日元。

在"煤炉"的带动下，跳蚤市场类 App 也迅速发展起来。根据经济产业省在 2018 财年所公布的一份关于电子商务的市场调查显示，跳蚤市场类 App 的市场规模估值从 2016 年的 3 052 亿日元增长到了 2017 年的 4 835 亿日元。上架的商品从服装到娱乐用品、家用电器、化妆美发用品等，应有尽有，不过最常见的商品还是女装。

伴随着"煤炉"的出现，人们的购物习惯也在不断发生改变。如今在购买服装与其他商品之前先上"煤炉"查查二手能卖多少钱的做法，在年轻人群体当中已经相当普遍。庆应义塾大学工商管理学院研究生院副教授山本晶在 2018 年 3 月关于"煤炉"所做的一份调查中显示，在跳蚤市场类 App 的用户当中，超过一半的受调查者会"经常"或"偶尔"在购物之前"先在 App 上查询该物品的二手价格"。超过一半的受调查者表示"为了卖个更好的价格，我开始更加珍惜自己的物品了"。同时约有一半的用户表示"最近两三年里，购买二手商品的次数越来越多了"。

第一名耐克，第二名优衣库

在媒体的报道中我们能够发现，挂在这些 App 上的商品可谓千奇百怪，例如制作工艺品用的橡果、厕纸卷芯、化妆品试用装、用过的口红，甚至还有人出售现金或是代做暑假作业。这些商品吸引了大众的目光，不过出人意料的是，交易量最大的却是优衣库之类的快消时装。在传统拍卖网站上，名牌商品占据交易量的比例较高，但在过去的 6 年里，耐克与优衣库在品牌交易量中占据了第一位和第二位，这种倾向似乎呈现出显著的两极分化。

也有人指出，这种现象会影响到快消时装的销售。例如某人以 10 000 日元的价格购买一件服装，穿过几次后以 7 000 日元的价格卖掉，相当于他只花 3 000 日元就买到了这件服装。原价 10 000 日元与 3 000 日元的服装或许同样都很新潮，但在材料、工艺和外观上却有着明显的差别。如果大家发现 10 000 日元的服装穿过之后还可以卖，就会有越来越多的人选择购买。这意味着快消时装的销量将随之下降。

"煤炉"的目标是"分享有限的资源"吗？

2010 年，一本宣传"断舍离"概念的书籍流行起来。自那以后，无论杂志、书籍还是电视节目都在宣传这样一种观点，"人们应该舍弃那些不常穿的衣服，过上一种轻松无牵挂的生活"。可哪怕再怎么不常穿，扔掉自己的衣服时，人们总会产生一些抵触情绪。即便怀着"希望有人能用到"的想法，打算把衣服拿到跳蚤市场去卖，收拾整理也得花上一整天的时间。而且如今这个时代，把自己的旧物品送人，对方非但不会高兴，兴许还会觉得麻烦。而"煤炉"可以帮你寻找"用得到这些东西的人"，因此受到了普遍欢迎。

事实上自公司成立以来，煤炉的理念一直是"分享有限的资源"。在创业之前，公司董事长兼首席执行官山田信太郎曾以背包客的身份环游世界一年。在体验发展中国家人民生活的过程中，他产生了"想要做些什么"的想法。

了解到他的理念后，我与藤田记者有一些问题很想问问山田总经理，便提出了采访申请。过去注定要被抛弃的物品，如今来到了能够利用它们的人手中，从这方面来讲，"煤炉"分享有限资源的目标可以看做是共享经济的一种体现。不过从另一个角度来说，也有人指出这种经济模式并非只有积极一面。因此我们很想听听山田总经理对现状的看法。

山田总经理忙于拓展海外业务，经常不在日本。原以为会很难采访到他，但他还是在百忙之中抽出时间，接受了我们一个半小时的采访。2018 年 11 月上旬，我们在位于东京六本木新城的"煤炉"总部对身穿白色衬衫与深蓝色牛仔裤的山田总经理进行了采访。

山田总经理于 1977 年出生于爱知县，1999 年在早稻田大学读书时，他以实习生的身份参与了乐天公司线上拍卖业务的启动工作。2001 年，他独自创办 Unoh① 公司，该公司所发行的游戏《小镇创造》曾大受欢迎。2010 年，他将公司卖给一家美国企业，并于 2012 年离开公司，进行了为期一年的旅行。我问他为什么偏偏要在 30 多岁，已经取得了一定社会地位的时候去当背包客。他说他只是觉得想做，于是就做了。

"从上一家公司辞职后，我想继续创办互联网公司，却一直没有明确的创意。一旦创业启动，就不可能再长期休息了，而且反正我当时还是单身，就想趁这个机会休息一年。我将自己想去的地方列在一张清单上，打算一次游完。发达国家今后还有机会再去，因此我决定先去那些偏远的，不太有机会去的地方。

"我喜欢旅行，经常去亚洲及周边地区观光。我同样喜欢遗迹和建筑。尽管旅行者的身份存在一定的局限性，但我依然觉得背包旅行

---

① 2001 年由山田进太郎所创办的照片、视频共享网站，于 2010 年被美国公司 Zynga Game Network 收购。

是一个了解当地生活的好办法。在旅途中，我还交到了不少朋友。过去我同样以这种方式旅行过，但一出门就是好几个月，还是头一回。"

山田总经理去发展中国家进行旅游后，接触到了那里人们的生活，而那段经历也深深地刻在了他的脑海当中。

"在印度的铁路上，孩子们以一杯 5 到 10 日元的价格出售印度奶茶。因为出生在这样的地方，就必须把赚钱放在首位，教育扔到一边。究竟要如何才能摆脱这种生活？我不禁陷入了沉思。

"要问这里的人为什么不能像发达国家的人那样生活，一个很重要的原因就是，这里的信息和金钱未能充分流通。举例来说，一个农民很难了解到在哪里能将粮食卖出高价。由于缺乏信用额度，他也无法贷款耕种田地。但我认为如果使用智能手机，就能让信息和金钱流通起来，进而解决这一问题。

"在发达国家，连全新的商品有时都会因没人需要而被抛弃。有些人觉得浪费，想把东西送给别人，但是过去并没有这样的渠道。把东西扔掉固然容易，但我觉得很多人会更希望把它们送给别人使用，而且那些东西在他人手中的确能够产生价值。我认为，通过这样的关联，发展中国家人民的生活方式，一定能够与发达国家更加贴近。"

不成功，便成仁

回到日本后，山田总经理见证了智能手机在日本的普及。曾经参与过乐天拍卖项目的他，感受到了个人交易的潜力。他想："如果用智能手机实现这一功能，既能获得领先于世界的商机，对社会来说也意义非凡。"

在发达国家，人们总是动不动就抛弃身边的物品。如果这样持续下去，生活总有一天会难以为继。其实有不少人并不希望把自己的东西白白扔掉，而是希望还能被人用上。尽管物品对自己来说已经失去了价值，但在别人眼里依然有其价值所在。

当时在线上拍卖领域，已经有雅虎拍卖这一"巨人"存在了，然而这一服务的客户端是电脑，使用起来不够轻松便利。山田总经理觉得，如果能让用户在手机上完成交易，就很有可能在竞争中取胜。"必须把它做好，不成功，便成仁。既然要搞，就轰轰烈烈大搞一场。"下定决心后，山田总经理开始了自己的新一次创业。

为了将自己的产品与雅虎区分开来，他在智能手机上做出了任何人都能轻松操作的C2C（个人对个人）客户端。在他的设想中，"即使是自己那些不擅长上网的大学朋友，也能轻松使用这一系统"。只需用手机对商品拍照，再定好价格后，就能立刻上架。由于价格是固定的，因此想要购买的人可以使用信用卡直接下单付款。人们通常希望交易能够立即完成，但拍卖的时候，出价后要等上整整一周。为确保顾客放心交易，同时防止卖家商品出现问题，下单后的资金会暂时由"煤炉"保管。同时公司对产品进行了一系列的用户测试，以确保用户即使不看说明，也能学会如何对商品进行拍照上架，如何尽快下单付款，以及如何放心交易。

这一战略成效斐然，"煤炉"迅速发展起来，甚至改变了人们的消费方式。山田总经理对此似乎也感慨颇深，他说："我认为，人们的消费方式的确在一定程度上发生了变化。过去我们也会在跳蚤市场和义卖会上买卖商品，而如今在商家提供的服务下，我们足不出户，就能够拥有这样的体验。原本小众的活动变得大众起来，这样一来，卖家高兴，买家也能享受到轻松淘货的乐趣。我想这就是'煤炉'的用户量如今超过千万人的原因。

"现代人很少能够同时体会到购买时的喜悦感与出售时的满足感。二战之前，个人交易原本极为普遍，然而在最近的几十年里，扮演销售者与消费者这两个角色的通常不再是同一个人。'煤炉'的出现，让我们脱离如今的时代，找回了过去的感觉。我觉得伴随着科技的进步，我们正在逐渐返回那个时代。

"我很高兴看到人们的消费方式和对二手商品的态度发生了明显的改变，也很荣幸能为大家提供这方面的服务。我认为我们可以做得更多，因此希望能将这项服务推广到全世界。

"不是每个人都能过上发达国家那样的生活。资源难以为继，垃圾的数量也日益增加。但如果我们能有效利用垃圾，珍惜资源，让发展中国家的人民过上发达国家那样的生活，那么'煤炉'就有机会实现自己的目标。"

"穿几次就处理掉"的问题

不过我和藤田记者都认为有必要向山田总经理询问一下"煤炉"在其他方面所产生的影响。诚然，与其让那些不再使用的物品躺在衣柜里面或被丢弃，还不如把它们转卖给别人，使其得到有效利用。而且在这一过程中会有金钱介入，从而诞生出市场，促使金钱流动起来。

然而光是这样，依旧难以改变企业为了降低生产成本而向劳动力价格低廉的国家大批量下单，以及全新服装大量遭到废弃的现状。相反，它还会缩短服装的销售与购买周期，以此加剧大量消费的程度。事实上也的确有人将"煤炉"作为服装试穿后的处理渠道。例如先在优衣库的网店上购买好几件不同尺寸的同款服装，试穿后再将不合适的挂在"煤炉"上卖掉。原本我还有些诧异——这样做真能回本吗？不过由于在"煤炉"上销售物品可以使用活动中获得的积分，以高于原价的价格销售商品，再加上节省下来的路费和时间成本，这样做似乎确实可以回本。

如果这样的交易恰巧能够满足买卖双方的需求倒也还好，然而从"资源共享"的角度来说，这种购物方式的推广能否算得上是利大于弊，恐怕还有待商榷。此外，如果习惯了"穿几次就处理掉"，那么我们对身边各种物品的感情也会变得淡漠。光从消费者的角度来看，一件商品只要到达想使用它的人手中，就称得上是物尽其用了。但如果"大量购买，继而迅速处理（即使不是丢弃）"的做法成为一种常态，就有可能助长大量生产和大量销售的风气。或许促生了"煤炉"的，正是"大量消费社会"本身。

我向山田总经理提出了这方面的看法。或许是没想到我会这样发问，山田总经理先是思索片刻，随后谨慎地表示道："提到大量消费，首先出现在我脑海中也是大量生产相同的商品，并在获得盈余后将其抛弃的这一场景。从这个意义上来说，如果一件服装还可以穿，那么把它送到某个人的手里继续进行使用，对环境肯定还是有一定好处的。天底下最好的美德莫过于'节俭'。我认为一个优秀的商业模式，必须要考虑到地球环境的负担。

"有人从经济角度上考虑，说有那么多人在'煤炉'上买东西，导致原本能卖100件的商品，现在只能卖掉80件了。但从高效利用资源的角度来看，其实这是一件好事。具体来说，我认为由于初级流通和二级流通周而复始的运转，反而使消费次数得到了提升。例如一个人以10 000日元购买商品，再以8 000元卖掉，那么等于实际上只花了2 000日元。正因为考虑到这点，原本并不打算购买这件商品的人才会愿意掏钱购买。

"我认为在这种循环中，人们会更有动力去生产优质耐用的商品。'如何适应这种崭新的消费模式？'面对这个问题，解决的方法就是'生产即使变成二手货也依旧耐用的商品'或是'提升二手货的价值，让新品的销量随之上升'就可以了。优衣库就是一个很好的例子，我认为正因为二手商品的价值提高，人们才会越来越喜欢购买优衣库。从大环境来看，停止生产用不到的商品，多销售高价值的商品正逐渐成为趋势，我想以此为背景来构思自己的商业模式，是较为合理的。

"例如在音乐行业，如果月费制度普及开来，那么商业模式就会倾向于'积极举办演唱会'。在这种情况下，人们购买的并非商品，而是服务和体验。我认为这种趋势对公司而言，更像是一种难得的机遇。"

的确有许多人在"煤炉"上买卖快消时装，然而山田总经理认为，这非但没有助长大量消费社会的风气，反而会促使企业生产更加优质耐用的商品。

他还表示："二次流通使得一些商品变得更加容易出售，而那些粗制滥造的商品则无人问津，这种现象会鼓励商家生产优质商品。在'煤炉'上，高质量的产品能够卖出高价，因此生产优质耐用的商品的企业也会愈发坚挺。反之，粗制滥造的商品无法售出，生产它们的企业也会被迅速淘汰。"

公司正在向着当初确定下来的理念一路前进，然而山田总经理却认为公司的服务规模依旧不够大。尽管在我进行采访时此事还未有定论，但"煤炉"公司于2017年进入英国提供服务，但又于2018年年底决定退出英国。

"如果要问我们的使命是否已经完成，答案百分之百是否定的。即使拥有了一定规模的用户，'煤炉'的月活跃用户量在日本也仅有1 000万，还不到总人口的十分之一。目前'煤炉'的业务已经拓展到英美等国，但我们依旧在对自己的商业模式进行摸索。这段时间比我想象中要漫长，我认为在今后数十年里，我们都将不断思考'世界级'这一词汇的含义。

"不过，如果我们的服务能够越来越好，'煤炉'的用户就会越来越多。而我们所拥有的数据越多，就越能利用它来对服务进行改善。我时常觉得，我们可以做到更多。未来我们或许会构建一个系统，到时候只要用户用手机拍一张照片，'煤炉'就能识别出这是什么品牌的哪种商品，并通过商品的原价和使用时长等信息自动计算价格……只需轻轻一点，所有信息就能全部呈现在你眼前。需要依靠技术来解决的问题如今还有很多。"山田总经理说道。

"安全感"必不可少

山田总经理表示，随着服务规模不断扩大，他对"安全感"的重视正在不断加深。

"当我们的用户增长到 2 000 万人、5 000 万人后，如果人们认为'"煤炉"不够安全'，那么我们会停止公司的扩张。是否让人们感到放心和安全，是否履行社会责任，这些问题都与企业规模息息相关。如果光觉得'不违法就够了'，是不可能让用户继续增长的。"

在我进行此次采访的前一年，暑假作业代写现象①被多家媒体纷纷报道，成为了社会性话题。回忆起当时发生的事，山田总经理表示："当初只觉得'煤炉'是风险企业②，没能意识到公司在社会上已经拥有了一定的影响力，我对这一疏忽进行了深刻的反思。"

问题发生后，"煤炉"内部的经营方针从"只要交易不违法就行"变成了"主动制定规则，对交易进行限制"。在谈论这个话题时，山田总经理提到了"社会公器"一词。

"当你把公司做到像 GAFA（谷歌、苹果、脸书、亚马逊）那么庞大的时候，你会发现没有什么监管系统能限制得了你，你可以为所欲为。我们用 Gmail 发邮件，手机用的是安卓系统，如果谷歌没了，连我们自己都无法接受。因此在这时，我们就需要一些道德上的规

---

① 此处指的是"煤炉"、雅虎、乐天三家企业在自家产品中允许作业代写服务上架，导致学生可以在"煤炉""雅虎拍卖""乐趣买"等平台上找人代写作业或代替完成读后感、自由研究等内容的问题。经媒体报道后，这一做法被日本文部科学省叫停。

② 风险企业（Venture Firm）是 20 世纪 60 年代前后伴随新技术革命浪潮不断高涨而产生的一批新型企业。与一般企业不同，这种企业专门在风险极大的高新技术产业领域进行开发、生产和经营，主要集中在微电子技术、生物工程、计算机、空间技术、海洋技术、医药、新型材料、新能源等领域。它以高新技术项目、产品为开发生产对象，使之快速实现商品化、产品化，并能很快投放并占领市场，获得一般企业所不能获得的高额利润。

则。'煤炉'还没有做大到那种程度，但我认为至少在日本，从某种意义上来讲'煤炉'已经成为了'社会公器'。因此我们必须接受社会的要求，并真诚地与之达成一致。"

采访整整进行了一个半小时。在采访的最后藤田记者表示："这么说可能不太合适，但您比我想象中要稳重和踏实得多。"山田总经理微微一笑："是吗，谢谢你的称赞。"

山田总经理的话朴实而诚恳，对我们的每一个问题都做了细致耐心的回答，给人以一种虚心求索的印象。因此藤田记者才会在不经意间说出那样的话。IT 风险企业的经营者，往往给人一种激进浮夸的印象。在与山田总经理年纪相仿的公司创始人中，尽管也有着 ZOZO 总经理前泽友作那样的人，但还是少数。然而在山田总经理身上却也完全没有那种盛气凌人的态度。面对一个发展如此迅速的企业的经营者，其实我也相当紧张，但我却没在山田总经理身上感受到那种企业家所独有的气场，或者换个词来说，是压迫感。这种情况甚至令人感到一丝失望。而他对遗迹和建筑的热爱，以及明明不缺钱却偏偏选择以背包客身份到处漫游的小插曲也很令人动容。他是一个"拥有魅力的商人"，象征着经济繁荣时代的结束，以及经济增长放缓的成熟时代的到来。

"煤炉"已经彻底改变了日本人的购物方式。而其创始人所定下的目标是创建一个"资源共享型社会"。考虑到他在短短 6 年里为社会带来的变化，我认为这个梦想或许并非天方夜谭。

话虽如此，事态却并非总会沿着这些应用开发者所构思的方向发展。起初脸书和推特也非常重视信息表达的自由，如今它们却也为歧视性发言和犯罪者沟通提供了空间与工具。这些问题亟待解决，需要加强管控，而"煤炉"的空间今后也将由开发者与用户共同建设。我们将继续关注"煤炉"以及它今后的发展趋势。

3 改变"大量废弃社会"从我做起

文：藤田皋月

谁生产了我的服装？

"Who made my clothes?"（谁生产了我的服装？）

2018 年 4 月，在 Instagram 上、在模特们昂首阔步的 T 台上、在各种各样活动现场上，突然异口同声地响起了这样一个声音。这是"时尚革命"活动所提出的口号，它旨在改变人们对时尚的看法。

正如本章开头部分仲村记者所提到的那样，由于工业化的发展和大量生产、大量消费社会的诞生，我们这些消费者与生产者之间的距离变得愈发遥远，如今的我们已经无法看到生产者的所在。而时尚革命，正是一场考虑到那些"看不见的服装生产者"，继而希望了解他们现状的运动。在 2018 年 4 月的时尚革命周活动期间，世界各地约有 2.75 亿人次点击了其网站上"♯who made my clothes"这一话题，在包括欧美、日本、韩国、南美在内的近 50 个国家和地区举行了上千场活动。

我能够感受到，如今在消费者的心里，的确已经萌发出了认为"时尚需要改变"的意识。

您还要继续用 2 欧元来购买这件 T 恤吗？

2013 年 4 月，孟加拉国的服装厂所在的拉纳广场大楼发生倒塌事故，受此冲击，人们发起了"时尚革命"的活动。该组织总部位于英国，并在大约 100 个国家设有办事处。

有许多种方法可以参与到该运动当中。你可以高举"Who made my clothes?"的牌子上街游行，也可以参加由"时尚革命"所主办的跳蚤市场等活动。你可以向服装企业询问自己的服装是哪家工厂生产的、那里工作条件如何，或者干脆带上服装标签来一张自拍，并在社交平台上发布。这样做的目的是通过消费者个人行动的积累，对体量庞大的服装行业施加影响。

人们在世界各地策划了各种别出心裁的活动，其中最受关注的，莫过于2015年出现在德国的"T恤自动贩卖机"了。

在柏林一个人来人往的广场中央，一台自动贩卖机孤单地伫立在那里。自动贩卖机内摆放着一排排白色T恤，每件的价格是2欧元（约250日元）。对于一件T恤来说，这个价格显然相当便宜。购买的时候还有S、M和L三种尺寸可供选择。不过当你把钱投进去后，贩卖机上的显示屏上就会播放一段发展中国家的少女正在纺织厂内工作的视频。画面中还会出现"她们正在为我们生产物美价廉的服装""她们的时薪只有13美分（约13日元）"等字幕。这让一开始兴冲冲地过来想要投币购买的人们倏然变色。在视频的最后，屏幕上会出现"您还要继续用2欧元来购买这件T恤吗？"的字幕，下面还有两个按钮，分别是"购买"和"捐赠"。

从在"时尚革命"后来所发布的宣传视频来看，许多人最后都按下了"捐赠"的按钮，他们按下按钮时的表情也给人留下了深刻的印象。从视频最初播放时的眉头紧皱，到后来的猝不及防，再到最后的如释重负。最后的镜头里出现了这样一句话："了解带来关怀。"

我认为这句话很有道理。我相信，如果每一位消费者都能够了解服装生产者的现状，并鼓起勇气迈出自己的第一步，就足以让现状发生巨大改变。

面对"谁生产了我的服装？"这个问题，服装生产者们进行回应的活动"I made your clothes"也蓬勃展开。尽管与提出问题的人数相比，做出回答的人数还远远不够，但据"时尚革命"的报告显示，2018年他们总共收到了3 838份回应，其数量是上一年的1.4倍。在这个网络话题标签下，生产者们发送了自己的照片、工厂名及回复，比如"我是一个 21 岁的印度年轻人,如今是一名质检员,希望以后能成为一名手艺高超的裁缝""我是一名专门制作手工刺绣的女性"等。如果生产者们都能像这样自报家门,让时装生产车间展现在社会大众的眼前,显然会更加有利于营造一个公平公正的劳动环境。

尽管在规模上不如海外,但"时尚革命"的活动同样也在日本蔓延开来。

2018 年 4 月,在东京池尻大桥的一块空地上举行了一场名为"透过服装思考未来"的活动,我也慕名前来参加。上百名参加者挤满了小巧但干净的空地,一时间热闹非凡。

活动主办方首先放映了揭露快消时尚行业负面影响的纪录片《真实的成本》。随后以"我们能做到的事"为主题举行了一场现场访谈。来到会场的观众们纷纷建言献策,热情愈发高涨。他们大多数是 20 岁至 30 岁出头的年轻人,即所谓的"千禧一代"。

现场访谈的发言人之一是一名网名为"Tomooomi"的年轻女性。她从两年前起就在自己的博客、YouTube 等社交平台上发送各种信息,试图将道德时尚的标准融入生活当中。

博主的案例

23 岁的 Tomooomi 女士居住于神奈川县,踏入社会已有两年时间。当她还是一名大学生时,曾在快消时尚品牌 GU 公司担任兼职店员。

GU 是优衣库的姐妹品牌。优衣库以基本款式齐全而闻名,而 GU 定位于更加低廉的价格与更加新颖丰富的品种。

Tomooomi 女士表示,GU 每周都有新产品上架,因此未售出的服装将会迅速打折出售。服装更换的周期极短,有些最开始标价为 1 990 日元的商品,最后可能只以 190 日元的价格售出。尽管对这样的销售方法和销售定额产生了疑问,但她依旧无法割舍对 GU 的喜爱。

"GU 有许多服装都是紧随潮流的,当时我觉得只要合理穿搭,衣服多点也没什么。而且这里的服装每件只要 1 000 日元左右，简直是我们这些贫困学生的福音。"

然而 GU 规定店里正在出售什么服装，店员就要穿上什么样的服装。尽管内部销售可以享受优惠，但衣柜里的服装堆积如山，依旧令人感到厌烦。正当 Tomooomi 女士面临着令人为难的现状时，拉纳广场倒塌的消息传入了她的耳中。

"这件事令我非常震惊。过去我从未想到自己身上穿的衣服可能会伤害到别人。说到底，我也根本没有考虑过孟加拉国的生活质量。直到后来我才了解，孟加拉国的生活与日本有着天壤之别，服装生产对当地的人和环境造成了极大的压力。如果那些工人是生活在附近的熟人，我一定会感到非常痛苦，但由于他们是生活在遥远的国外陌生人，我几乎完全没有为他们做过考虑。这场事故让我第一次感受到，做服装和穿服装的，都是活生生的人啊。"

大家都想要打扮得更加时尚靓丽。她从事兼职那时，想不买衣服是不可能的。但她同样不希望有人因自己身上的衣服而受到伤害。那么应该怎么做呢？

为此而苦恼的 Tomooomi 女士，开始了参观生产车间的游学团、参加时装循环利用的学习课程等一系列活动。这些经历让她领悟到，"快消时装也是由工人一件件缝制出来的，我们要珍惜眼前的每一件服装"。

随后，Tomooomi 女士成立了她的博客"THE STORY"。为了杜绝人们穿过几次之后就将服装抛弃的行为，她录制了一些视频，在其中介绍了通过兼职经验总结出来的理念和服装选择的小技巧。她还撰写了一份报告，介绍了自己在服装学习会上所学到的内容。

"我认为不能在快消时尚与'恶'之间画上等号，重要的是要善于穿着，长期利用。如果能珍惜自己身边的服装，那么任何服装都能符合道德时尚的标准。"

学生创业者的案例

与此同时，还有一些大学生从自身认识和解决问题的能力出发，生产了一款名为"透明内裤"的热门商品。他们便是以学生身份成立企业 One Nova 的高山泰歌与金丸百合花。他们是庆应义塾大学湘南校区的大三学生。

一条"透明内裤"的价格是 3 500 日元，绝对算不上便宜，但这个价格是汇集了他们努力与才智的结果。

图 9　One Nova 的透明内裤

尽管这种内裤的名字里带有"透明"二字，但内裤本身却并不"透明"（当我将题为《"透明内裤"发售》的报道发表在电子版报刊上时，有许多读者是因为误会而点进来的……）。真正公开透明的，其实是它的生产流程。

举例来说，在 One Nova 的销售网站上，不仅公布了生产内裤松紧带的厂家，还贴出了该厂家的网址。这家工厂位于石川县河北市①，名为

———————————
① 原文为"かほく市"。

"北陆纺织有限公司"。网站上如此介绍该厂产品:"既不会太紧,也不会太松。恰到好处的松紧度,是匠人们技能与努力的结晶。"为产品进行缝纫、染色、标签设计与刺绣的国内工厂的信息也同样公布在网站上。内裤的成本价,也就是生产所需的费用清楚地标着"1 680日元",而"面料""生产日期""订单数"等要素同样也是产品成本的决定条件。

这种经营模式与本书"服装行业篇"中所介绍的,致力于实现生产工序透明化的 10YC 相同,都是行业当中一股崭新的潮流。One Nova 还特别强调了其产品的高品质,以及仅限生产男士内裤所希望传达出的"信息"。

内裤前方留有适当空间,同时避免将标签设计在内侧。One Nova 追求的是内裤上佳的触感与舒适度。此外,产品在使用环保面料有机棉的同时,还做到了高弹力,并有多达五种时尚颜色可供选择。这两位同学原本只是服装领域的业余爱好者,但在设计商品时,他们特地来到一家国内工厂,请专家从零开始向他们传授技术。

高山同学解释了他们如此执着的目的:"我不希望生产符合道德时尚标准却样式俗气的商品。如果产品卖不出去,又怎么能达成'道德时尚'的目标呢?"

金丸同学点头表示赞同,也表达了自己的看法:"人们很少会为了贯彻内心的正义而委屈自己,穿上并不喜欢的服装。光是为了'社会'或'地球'而选择服装总让人觉得有点怪。还是要因为喜欢,才去购买,这样穿在身上的时候也会更加珍惜。"

One Nova 之所以会致力于生产符合道德时尚标准服装,主要应归功于金丸同学。

金丸同学的母亲是菲律宾人,她每年都要回母亲的祖国一趟。然而直到她读高二,在学校的推荐书目中读到一本由人类学家鹤见良行所写的《香蕉与日本人:菲律宾种植园与餐桌之间》(岩波书店)时,她才初次了解到香蕉种植园工人们所经历的艰苦历史，以及在那里种植的香蕉主要出口到日本这一事实。以此为契机，金丸同学开始在一些活动中销售符合"公平贸易标准"的香蕉。

当时，"道德时尚"与"公平贸易"这两个概念开始在社会上普及，但两位同学感觉到这两个词背后隐含的严苛和带有优越感的"俯瞰"视线。他们不希望"做正确的事，就要与时尚相对立"。

这就是他们刻意选择生产男士内裤的原因。

"符合道德时尚标准的 T 恤有很多，但人们通常会觉得这种商品只是借着'假大空'的概念抬高商品价格，继而忽视它们的存在。不过符合道德标准的内裤，而且是男士内裤，就还挺罕见。内裤这个词听上去有些滑稽，却也是日常生活中必不可少的用品。尽管这只是一个猜想，但我们认为内裤能够打破'道德时尚标准'的严肃感。光是'透明内裤'这个词就能勾起人们的好奇心，会让人不禁去想'这到底是什么东西？'"高山同学解释道。正如他所说的那样，那篇网络报道的标题吸引了许多人阅读，达到了他们的目的。

对信息敏感的人们纷纷注意到了"透明内裤"。2018 年春，两位同学发起了一场目标为 50 万日元的众筹，短短一个月，他们就从 423 人手中募集到了约 206 万日元。"透明内裤"在 7 月刚刚发售时还仅有橙色与蓝色两种颜色，而在 4 个月后，商品增加了三种新颜色，销售状况也越来越好了。

高山同学向我讲述了他们给公司取名为"One Nova"的原因。"One Nova"这个名字来源于"One of a kind"，意思是"特别的""独一无二的"。但两位同学认为这个词同样意味着"我们不一样，我们都很棒"①。

---

① 原文为"みんな違ってみんないい"，出自日本童谣诗人金子美玲的诗歌《我和小鸟和铃铛》。

"在销售商品时，人们的做法通常是筛选出简单易懂的卖点，并向顾客进行推荐。但我们认为这种做法是在'将自己的喜好强加于人'。所以在 One Nova，我们希望通过'透明性'这个特点将一切毫无保留地展现给顾客，让他们自由寻找喜欢的商品。"

Tomooomi 女士与 One Nova 的两名创始人都是 20 岁出头，参加到时尚革命活动当中的也有许多是年轻人。每当想到年轻一代乐意通过购物的方式来对全球环境问题，以及遥远国家人民的生活问题进行思考，我就感到未来或许比想象中要更加光明。这让我觉得，我们这些已经充分享受过大量消费的这一代人，更应该以他们为榜样，尽己所能地去帮助他们。

一位曾在涩谷 109[①] 工作的模特对"道德"的思考

2018 年 7 月，在与仲村记者撰写关于服装遭到大量废弃的报道的同时，我（藤田）还与另一名同事一起采访，撰写了一期主题为"能够购买到廉价服装的社会"的特稿。当时采访的对象有以经济实惠的时装而闻名的"岛村"服装连锁店的总经理，政法大学校长、江户时代服装回收文化专家田中优子女士，以及站在消费者的角度分享了自己对待服装的态度的模特镰田安里纱女士。26 岁的镰田女士是庆应义塾大学的博士生，当时她正在使用"模式语言"（Pattern Language）进行自己的研究。"模式语言"是一位美国建筑师所提倡的方法，它通过一种共同的语言来进行城市建设或其他活动，通过这种方法，每个人都能够参与到设计之中。

事实上，销售"透明内裤"的两位同学，是镰田女士在大学里的

① 109 百货是日本企业东京急行电铁的全资子公司东急购物中心开发公司创立的时尚购物百货公司及企业品牌。"109"的名称来自"东急"的日语谐音，同时也是其营业时间（上午 10 点到下午 9 点）的代号。

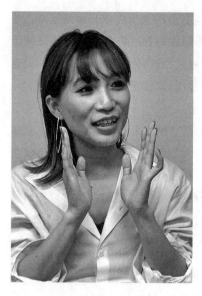

图 10 镰田安里纱女士

学弟学妹。当时正是镰田女士向我介绍了他们，并告诉我他们正在做些"有趣的事"。如今镰田女士正在参与"道德时尚"的倡议活动与对服装生产车间的考察活动，但在十几岁的时候，她也是一位热爱时尚的少女。她曾在涩谷 109 工作过一段时间，工作内容是担任杂志模特，同时参与服装的销售与策划。

在我与同事高久润对镰田女士的采访中，她谈到在时装行业工作的过程中，自己选择服装的标准发生了变化。镰田女士的观点发人深省，在她的言论中既有对日常消费的反思，也有对"应该如何看待'道德'"这一问题的思考，因此我想将此次采访内容完整地呈现给各位读者。

Q：你原本就很喜欢 109 的时装吗？

镰田：我的孩提时代在德岛度过。当时我就经常阅读杂志，关注时尚潮流。小学六年级的时候，我第一次去了涩谷 109，当时我喜欢的品牌是在涩谷人气最高的 Cecil Mcbee① 和 LIZLISA②。后来我在东京念了高中，当时的学校允许学生外出打工，因此我向 109 几乎所有的分店都投递了简历。终于在 16 岁的时候，我成了一家分店的店员，

---

① 服装品牌，于 2009 年创立，顾客以十几到二十几岁的女性群体为主。
② 服装品牌，于 1999 年创立，顾客以年轻女性为主。

但当时店长只允许我在节假日工作。

Q：当时你对"道德时尚"还没有产生兴趣吗？

镰田：那时我也关注过发展中国家的贫困问题。14 岁那年，我和家人一起去印度尼西亚的巴厘岛旅行，在走出酒店时，外面的街道给我留下了强烈的印象。有许多人睡在路上，风景区还有一群乞丐围过来讨钱。那个时候我初次了解到，原来有一些人生活在与自己完全不同的环境之中。

后来在高中课堂上，我接触到了"公平贸易"这个词汇。我想知道服装领域是否也存在公平贸易，并在查找资料后，了解到了 People Tree 这个品牌。所以在 109 工作的前期，我就对公平贸易产生了兴趣。不过当时我只将它当做可供学习的内容，却没想过要践行它，并把它当做时尚去享受。在这一过程中，我渐渐感受到店内服装设计的理念似乎存在一些问题。

Q：你是通过什么事情产生了这样的感受？

镰田：我们的品牌在中国开设有自己的工厂。那里主要生产使用牛仔布的服装，面料和制法都相当讲究。当时的价格虽然也很便宜，但没有便宜到现在这种程度。我记得当时的 T 恤一件还能卖到 4 900 日元。而到了 2008 年，也正好是我开始工作的那一年，国外的快消时尚品牌开始登陆并风靡日本，与此同时情况也发生了变化。在 2009 年、2010 年的时候，我开始在店里听到顾客谈论说"这件衣服真可爱""刚才那家店里有款式差不多的，还更便宜呢"，类似这样的对话出现得相当频繁，有时甚至一天能听到个五次。差不多就是从那时候起，我们开始讨论，要是店里的衣服再不降价，就要卖不出去了。因此我们更换了面料，服装价格也随之下降。

2011 年前后，我开始参与公司的策划工作。当时除了策划原创版型外，我还开始负责"采购"工作。需要采购的既有面料，也有服装本身。中国或韩国的批发市场上都有大量样品，而我的工作就是从中挑选出我认为符合潮流、能够畅销的款式，继而向工厂下单。在那里，我还见到过 109 其他分店的员工。我们会在同一个地方查看服装，有时也会购买同一款式的服装，最后把它们分别贴上标签挂在自己的店里。所以当时如果你去逛 109 不同的分店，有可能看到相同款式的服装。当时我真切地感受到，服装的生产方式已经发生了改变。我认为服装的价格必须降低，由自己从零开始生产服装的做法已经不划算了，我们有必要对服装进行采购。

Q：可是站在消费者的角度来说，能用便宜的价格买到可爱的衣服，也不算是一件坏事。镰田女士您怎么看待这一点呢？

镰田：站在消费者的角度来说，我自然乐于看到这种现象——既能用便宜的价格买到可爱的衣服，还能做各种不同款式的搭配。然而那个时候，我开始感到自己被淹没在"数量庞大的服装"中，内心也产生了一丝厌烦。当时我给一家杂志社当模特，每个月都要为"个人服装"专栏拍摄照片，因此我每个月都需要一套新衣服。当时是博客最火的时代，为了更新博客，我还需要更多的服装来进行搭配。其实当时我很享受那种"用便宜的价格买到可爱的衣服，并进行各种搭配"的感觉，但从某种程度上来讲，我也被困在了"必须研究出各种穿搭方案并向人展示"的囚笼之中。

Q：在这种状态下，你是如何开始转向"道德时尚"的呢？

镰田：当时为了工作而采购服装时，我看到批发市场上有许多服装和面料，却看不到它们的生产者。因此在我心中浮现出疑问，这些服装和面料来自哪里，又是由谁所生产制造？我原本的感觉是，只要用电子邮件将设计好的服装版型发给工厂，没过多久，成品就会发送过来，我甚至感受不到这些服装是人工生产的。在拉纳广场事件发生以前，我根本不知道是什么人，在什么样的环境下生产服装。自己公司的服装厂还算比较熟悉，但提到生产面料和零杂配件的厂家，我就一无所知了。即使不是做店员，而是从事策划工作时，我也从未见到过那些在生产服装第一线的人。

自2013年起，我不再担任杂志社的独家模特，服装的购买周期也因此发生了变化。我不必每天研究不同的穿搭，不用购买那么多服装，因此也就不必再特地去买那些廉价服装了。此外我也不再介意每天穿相同的衣服。在杂志社工作时，我总是强迫自己每天换不一样的服装，但后来我认为，衣服只要穿着舒心就可以了。随后我开始思考，究竟什么样的服装才能穿得最舒服？

我不认为服装便宜就好，也不觉得符合潮流就能令人舒心。我的观点是，能让顾客了解到服装的生产背景，让顾客看到生产者们热情工作的一面，或是生产过程中没有给环境造成负担，这样的企业生产出来的才是令人舒心的服装。上高中时我参加过一个项目，它的内容是与菲律宾的贫困女工共同生产商品。当时我只觉得自己是在"支援发展中国家""为社会做贡献"，将公平贸易当成了"用来学习的知识点"。但后来我逐渐意识到，它更是一种与自身行为高度一致的工作和生活方式。换句话说，我曾经认为公平贸易与"道德时尚"是一种"支援"或"贡献"，然而它们并非是我们"爱做就做，不爱做就不做"的那种可选项，而是与我们的生活息息相关的事物。它们既关乎我们生活中的各种问题，也关乎这些问题的解决办法。

Q：镰田女士您如今正在致力于对"道德时尚"的推广，那么您是如何定义"道德"这一词的？

镰田： "Ethical"一词直译过来就是"伦理的、道德的"。一般来说，它指的是在生产过程中尽可能减少对环境产生的影响，以及对劳动环境、人权和动物权益的关心。不过不同的人关注的重点也截然不同。有些人着重关注企业是否保障动物福利，有些人更关注企业的材料在生产过程中是否节约水资源，还有一些人关注企业能否为生产合作伙伴提供长期稳定的工作。

我个人关注的不仅是生产，还有消费，以及商品从生产到最后被废弃的这一整个过程。在这个过程中，我们能够意识到是否会为自己的选择而感到自豪。想要确保自己所购买的所有商品都满足公平贸易的条件固然很难，但我认为选择商品时还是需要兼顾合适的理由，例如购买后能否长期使用，或是不想再用时，能否对其进行妥善处理。

Q：我们应当如何看待快消时尚？

镰田：我曾经也在快消时装店里购买过服装，但现在已经不再买了，因为那里没有我想要的商品。不过我并不认为快消时尚与道德时尚一定是相互对立的。事实上，我甚至觉得快消时尚的生产模式正在朝着能够顾及自然环境与人权的方向发展。不过我确实认为，"低价产品、高速轮换"这一经营模式已经对顾客的行为产生了影响。我不能断言这种现象是快消时尚所导致的，但消费者依然需要暂时停下脚步，仔细思考。如果能够做到这点，我认为将会有很大可能促使各大品牌改变经营方向。

Q：要怎样才能改变消费者的态度？

镰田：简单来说，我认为消费者要停下脚步思考的是"我真正需要的商品是什么？""我在为谁付费？"等问题。另外，生活在如今的信息化社会中，我们总是能够接触到"某个品牌的工作环境存在问题""许多服装遭到了废弃"等各种各样的信息。因此我希望消费者不要闭目塞听，而要主动在互联网上深入挖掘，尝试着去购买一些对自己更有意义的商品。

Q：伴随着"煤炉"的出现，人们可以更加轻松地卖掉自己的废旧服装，可以不用再抛弃它们。您觉得这是一件利大于弊的事吗？

镰田："煤炉"也好，快消时尚也罢，我没办法用绝对的"YES"或"NO"去评价它们。人们利用它们既可以做好事，也可以做坏事。尤其是"煤炉"，如果将服装卖掉而不是扔掉，服装的寿命或许会因此而延长，但反过来说，由于在"煤炉"上可以轻松销售服装，人们也有可能因此而加速自己的消费周期。"煤炉"只是一家平台，谈不上好与坏，但它可能会导致这两种结果。所以我才更加关注消费者自身的行为。其实这与"先有鸡还是先有蛋"的问题类似，不过环境决定人的行为，因此我认为整个生产、消费模式还是要进行改变的。

始终在价格、流行度或便利性这些可交换的价值上进行竞争，只会让人疲惫不堪。如果这时有更加强大的品牌出现，原有的品牌很快就会被击垮。与此相比，我认为基于"道德时尚"所生产的服装是独一无二，很有竞争力的。我希望人们能够看到这样的生产车间，因此迄今为止已经在柬埔寨、斯里兰卡和越南等地的工厂进行了十多次调研考察。除此之外，我还拜访过冈山的牛仔布生产工厂。在做调研考察之前，我总会在社交平台上征集二三十人同行，而这些名额总是会被一抢而空。报名参加的大多数是19岁到21岁的年轻人。"道德时尚"是一个广泛而抽象的概念，我希望亲自实践自己的计划，例如设计服装，并将其作为自己的事业继续下去。

Q：镰田女士您喜欢什么样的服装？

镰田：我喜欢那些生产者与提供者为之自豪、乐于谈论，能够让人感受到体温的服装。吃与穿是我们生活中必不可少的两件事。方才我也提到过，最初对公平贸易产生兴趣时，我只是认为那是一种对社会所做的贡献，但如今我认识到，最重要的是能让自己获得满足。我认为我对在生活中接触到的、包围在我身边的事物越接受，我的幸福感也就越高。因此重要的是，选择自己愿意接受的事物。同样重要的是，要仔细考虑究竟什么样商品能够让你接受。反过来说，如果你身边的商品甚至不能令你自己满意，那么也很难相信它会为别人的生活提供什么帮助。因此我会挑选出自己满意的服装和饮食，这样做能让我拥有自信，并有助于我对其他人的生活产生积极影响，而我也同样会为此感到欣喜。

附近有一家我常去的咖啡厅，一些穿着时尚的男女经常会在那里出没。他们的服装既不过于奇特，也不随波逐流。我知道他们穿的都是高档服装，但也相信那些服装是他们根据自己的喜好选择的。我希望自己也能重视自己内心的标准，树立起一套个人风格。

面对眼前的事物

"道德时尚"的标准不仅关乎商品生产与销售过程，更关乎消费者购买之后，从使用到抛弃的这一"消费过程"——镰田女士的这番话给我留下了深刻的印象。在日常生活中，选择自己能够接受的商品和用法才是最为重要的。如果我们能够这样思考，或许就可以达到"道德时尚"的要求了。

回头想想，自 2011 年"3·11"大地震发生后，日本人似乎已经逐渐开始反思自己过去的消费方式了。

为了援助灾区，人们不仅会购买当地的特产和有机棉制成的服装，还转变了原有的生活方式与对待事物的方式，例如贯彻"断舍离"与"极简主义"，或是改变自己的住处。

在广岛"不扔面包的面包店"多利安面包店里实习的，来自青森的斋藤绚子女士，在"3·11"大地震后对自己的工作方式重新进行了审视。而食品浪费问题的研究者井出留美女士之所以会离开食品公司，选择在食品银行工作，同样是在东北地区进行过灾区支援的缘故。

"3·11"大地震后，生活在日本的我们得到了提醒，原来有限的自然环境与我们原本习以为常的日常生活是如此珍贵。在它的"帮助"下，许多人得以停下脚步，重新审视自己过去的生活"是否真的合适"。

今天，在日本的任何地方，只需到超市或便利店里去，就能购买到整齐包装在塑料盘中的，新鲜且便于食用的鱼、肉和配菜。购物中心与购物网站全年提供时尚靓丽的服装与各类首饰，价格实惠，颜色与型号也可任君挑选。只需在智能手机上轻轻一点，商品就会在一两天内送到家中。对于日常生活极为忙碌的我们来说，这实在是太方便了，但在这样的环境下，我们也很难停下脚步，重新审视自己的消费方式。

还记得使用不符合规格的蔬菜与肉类烹饪法国菜的那位餐厅主厨荻野伸也吗？接受我采访时他曾表示："在吃饭的时候，许多人都像给手机充电一样，匆匆几口就吃完了"。而我在上班时，也常常会坐在办公桌前，用便利店里买来的盒饭应付自己。

当时，荻野主厨对我说道："当这样吃饭时，人们既不会想到在食品工厂生产这些盒饭的人，也不会想到种植盒饭中这些土豆的农民，更不会想到这块肉来自一只原本拥有生命的猪。在人们眼里，这些都是'与己无关之事'而已。我在店里总是向顾客讲述食材的故事，例如'我认识一位猎户，这道菜是用他刚刚打来的野猪做的，肉是我早晨4点开车过去取的'。我认为，既然我们享用了它们的生命，就要对它们的生命责任。用自己在阳台上种植的番茄与罗勒所制成的比萨饼，之所以会觉得好吃，是因为我们在其中灌注了自己的心思。这就是为什么我希望尽可能向顾客讲述自己心思的原因。如果我能将餐厅里提供的菜品视为与自己'息息相关之事'，相信顾客们对菜品与食材的认识也会逐渐发生改变。"

食品、服装，乃至任何事物都是如此。

"我认为，我们之所以会无谓地抛弃自己的物品，是因为缺乏对它们的想象力，没有想过它们从何而来。然而如果能够得到机会，引发人们去思考它们来到我们手中的过程，或许将会是巨大的进步。因为那时我们就能不再将消费视为理所当然的事，而是让自己与生产者感同身受。在便利店接受找零时，你可以对店员说上一句'谢谢'；享受自己所选择的饭菜时，也可以多花上一点时间去细细品味它们。"

春天的脚步近了，春风也和煦起来，不妨在晚上吃点青豆吧；孩子淘气，又把裤子摔破了一个洞，但如果还能穿，不妨在上面打上个补丁吧；如果想知道一块巧克力原料的产地和生产方式，不妨试着去问问它的生产商吧。

归根结底，最基本的道理，或许就是以这样的态度，来面对服装、食品等眼前的每一件事物。

后记

藤田皋月 (《朝日新闻》Opinion 编辑部记者)

如今，我们应当如何面对"消费"这一观念？

本书的标题是《大量废弃社会》，然而在取材和下笔的过程中，我始终在思考这个问题。

世界上许多商品之所以被生产出来，进入流通环节，前提都是这些商品有人"消费"。然而在这一过程中，有大量的食品和服装在尚未消费的时候，便被人无谓地抛弃和浪费了。

"消费"与"生产""废弃"的概念是密不可分的。消费带动生产，也同样造成了废弃。消费是它们的出路，同样也是来路。

在与仲村记者深入调查大量废弃的现状及背景的过程中，我们发现这些问题可以分为许多类型。例如令外国人沦为廉价劳动力的技能培训工制度，国内根植于各个行业的长时间劳动现象，业界内部不合理的商业惯例，生产车间里遭到压榨、其残酷程度有甚于男性的女工，塑料垃圾导致的海洋污染，资源回收再利用的错误模式……凡此种种，不一而足。

这些问题都是在漫长的时间里，伴随着当今的产业结构共同形成的。尽管如今解决这些问题的行动正在逐步开展，然而这一道路上依旧存在着大大小小的障壁，想要跨越绝非易事。

但是在撰写这本书的过程中我发现，任何领域的问题都能通过

"消费"这一手段来解决。因为消费与所有的生产、废弃行为息息相关。

我们本次取材行动源于联合国提出的 SDGs（可持续发展目标）中的第十二项"负责任地消费与生产"。本书较为详细地介绍了从业界一线所采访到的部分试行方案，希望能为各位读者实现自己的目标提供一些帮助。

我采访过的人无一例外在生产、废弃及消费的行为中遇到过难题，有过困惑。当他们在另辟蹊径的试错过程中，即使是前进一小步也需要莫大的勇气。"起初只是看不惯那些不好的行为，然而在真正动手改变时才发现真的很不容易。"以实现服装行业透明化为目标的 10YC 公司的后由辉先生，拒绝过店员提出"不要扔掉面包"的请求的"不扔面包的面包店"店长田村阳至师傅……我与这些在挣扎中依旧不懈努力的人们相遇，并写下他们的故事，以表达自己的惊喜与钦佩。若拙作能为各位读者在迷茫时提供参考，将是我最为高兴的事。而身为一个受益于大规模生产模式的人，我同样希望能进一步摸索适合自己的消费方式。

刚刚进入报社时，我所负责的是音乐会及美术馆相关活动的运营，快到 30 岁时才转行做了记者。之后分别在奈良、大阪的社会新闻部，东京的文化生活部工作。时光慢慢流逝，我却依然没有找到适合自己的领域，始终以"综合记者"的身份工作。能够接触到 SDGs，并以"消费"为主题深入挖掘，也是我自身的一大幸事。

最近有几家知名汽车企业推出了一项服务，只需每月支付相应的费用，即使不需要购买，也可以使用汽车。例如，丰田普锐斯的月费只需 46 100 日元；豪车雷克萨斯的月费也仅需 18 万日元。而在我身边，还有人开通了自助阅读服务，每个月只需花上 400 日元，就可以在智能机或平板上任意阅读 1 500 多种杂志。音乐领域同样如此，每个月只需支付固定金额，即可畅听网络平台的曲目。这些平台的音乐领域非常广泛，甚至还包括交响曲。这种消费被称为"Subscription"（会员制），是一种新型消费方式。

仲村记者也在本书中提到，以服装与名牌箱包为代表的服装行业，以及以餐厅、咖啡馆为代表的食品行业也纷纷开始提供会员制服务。如今，购买不再像以前那样倾向于"拥有"，而是更加倾向于"实用"。

若是会员制能得到普及，相信会有更多的人开始分享自己的物品。这样在使用一段时间后，人们可以将物品拿到二手市场上出售，而废弃量也会随之减少。等到3D打印技术臻于完善并普及开来的那一天，每一位消费者的需求想必都会更加容易得到满足。到了那时，生产商也不必再迎合大众，大批量生产种类繁杂的商品，并得以顺利摆脱过去的商业模式。放眼未来，我认为围绕着商品所衍生出的价值观一定能够在世界上引起反响。

我们并非仅仅想通过这本书来呼吁人们"重新审视大量废弃、大量消费问题，对生产模式进行改变"。因为伴随着技术的突破性发展，消费的方式也在不断发生变化。

不过即使那样的时代来临，直面眼前的事物依旧极为重要。由3D打印机所生产出来的鞋子、在附近农园里栽培的有机蔬菜……无论面对的是什么样的人，用什么资源所生产出来的商品，消费者仍然是我们自己。

最后，我希望各位能够对"消费者"一词进行思考。

从2016年起约一年的时间里，我曾负责对口采访国家行政机关消费者厅。

消费者厅是鉴于当时食品产地造假问题与热水器等商品事故频发，为了保障消费者权益，于2001年成立的机构。作为其基本法的

《消费者厅成立法》中明文记载，"消费者厅的成立目的是营造对消费者安全、令消费者放心生活的社会环境，保护、加强消费者权益，确保对商品及服务的消费出于消费者自主理性的选择，同时进行与日常生活关联紧密的商品质量的公示"。厅内下设消费者制度科、消费者安全科、消费者政策科等部门。这些部门承担的职责都是社会不可或缺的。当我最开始工作时，不得不面对着行政公文及公示中铺天盖地的"消费者"这个字眼，那可不是什么令人愉快的回忆。然而如今当我回想起来，才察觉到那些文字中或许蕴藏着某些深意。

在字典中，"消费"一词有"为满足欲望而为物资、服务支付金钱的行为""使用物品、时间、能源、资源并将其耗尽"等解释。也有资料将"消费"描述为"生产的反义词"。它就像是一个怪物，光顾着吃尽一切，却不做任何产出。

"消费"这个词，据说是在明治时期，由西周①借助海外语言所发明的日式汉语。如今，"我们是消费者"这种说法和意识已经在人们心里生根。但人们还是会购买大量服装，只穿一个季度就将其抛弃，或是在吃自助餐时把盘子装得满满的，最后没有吃完就扔掉，心里还想着"算了，自助餐不就这样吗？"——真希望上述这些现象只是我在杞人忧天而已。

正因为人们每天都需要饮食，才会诞生出重视应季特色的日料、红酒、路边摊等丰富的饮食文化；正因为人们都身着服饰，才会孕育出用来表现自我的时尚文化。在上文中我们提到过，"消费"是改变生产模式的突破口，就此而言，消费也具有创造性。我衷心希望未来的人们能够重新看待"消费者"这个词，在进行消费时，自然而然地

---

① 西周（1829—1897），日本江户时代后期至明治时代初期的哲学家、教育家、启蒙思想家。曾将西方众多哲学与社会科学术语以汉字的表达方式翻译出来。其翻译的"哲学""主观""客观""理性""现象""归纳""演绎""义务""权利""科学"等名词至今仍在中国、日本等汉字文化圈国家广泛使用。

与生产者共情。

在此，我想感谢为我们提供了取材机会的国谷裕子女士，始终对我们的报道备加关注并建议我们将其结册出版的"光文社新书"副主编樋口健先生，与我们一同取材、时常提供极宝贵建议的摄影记者小玉重隆与金川雄策（现就职于雅虎）、SDGs 项目团队中的各位伙伴，自始至终都支持我取材和报道的家人。还有以及读到最后的读者们，在此向你们表示衷心的感谢。

我会一直祈祷下去，但愿我们的孩子长大成人时，这个地球与社会都能变得更加美好。

2019 年 3 月 11 日　写于东京

TAIRYO HAIKI SHAKAI

ⓒ Kazuyo Nakamura・Satsuki Fujita 2019

All rights reserved.

Original Japanese edition published by Kobunsha Co., Ltd.

Publishing rights for Simplified Chinese character arranged with Kobunsha Co., Ltd.

through KODANSHA BEIJING CULTURE LTD. Beijing.

图字：09 - 2021 - 609 号

图书在版编目(CIP)数据

大量废弃社会：服装与便利店行业不可告人的秘密 /
(日) 仲村和代，(日) 藤田皋月著；张佳东译. —上海：
上海译文出版社,2022.10
　　(译文纪实)
　　ISBN 978 - 7 - 5327 - 9044 - 9

Ⅰ.①大… Ⅱ.①仲… ②藤… ③张… Ⅲ.①资源浪
费-研究 Ⅳ.①F205

中国版本图书馆 CIP 数据核字(2022)第 184813 号

大量废弃社会——服装与便利店行业不可告人的秘密

[日] 仲村和代 藤田皋月 著 张佳东 译
责任编辑/张吉人 薛倩 装帧设计/邵旻 观止堂_未氓

上海译文出版社有限公司出版、发行
网址：www.yiwen.com.cn
201101 上海市闵行区号景路 159 弄 B 座
启东市人民印刷有限公司印刷

开本 890×1240 1/32 印张 6.25 插页 2 字数 116,000
2022 年 12 月第 1 版 2022 年 12 月第 1 次印刷
印数：0,001—8,000 册

ISBN 978 - 7 - 5327 - 9044 - 9/I・5623
定价：42.00 元